인적자원개발 게이미피케이션

가르치지 말고 플레이하라

인적자원개발 게이미피케이션

가르치지 말고 플레이하라

초판 1쇄 발행 2019년 8월 6일
초판 4쇄 발행 2021년 10월 29일

지은이 김상균
펴낸이 최익성
편집 김선영
마케팅 임동건, 임주성, 홍국주, 황예지, 신원기
경영지원 이순미, 신현아
펴낸곳 플랜비디자인

디자인 ALL designgroup

출판등록 제2016-000001호
주소 경기도 화성시 동탄첨단산업1로 27 동탄IX타워
전화 031-8050-0508
팩스 031-2179-8994
전자우편 planbdesigncompany@gmail.com

ISBN 979-11-89580-12-4   03320

※ 이 도서의 국립중앙도서관 출판예정도서목록(CIP)은 서지정보유통지원시스템 홈페이지(http://seoji.nl.go.k
국가자료공동목록시스템(http://www.nl.go.kr/kolisnet)에서 이용하실 수 있습니다.
(CIP제어번호 : CIP2019028982)

GAMIFICATION

인적자원개발 게이미피케이션

가르치지 말고 플레이하라

김상균 지음

PlanB DESIGN 플랜비디자인

"무언가를 시작하기 위해 당신이 위대할 필요는 없다.

그러나 위대해지기 위해서는 무언가를 시작해야 한다."

Zig Ziglar

◆ 경험의 뿔 & 게이미피케이션

Dale이 제시한 경험의 뿔 Cone of experience 이라는 모델이 있습니다[*].
다양한 학습방법 중에서 뿔의 아래쪽에 있을수록 학습자가 교육 내
용을 깊게 성찰하고, 학습 전이[**]를 이끌어 내는 데 도움이 된다고 합
니다.

우리는 주로 어떻게 배우고, 가르쳐왔을까요? 뿔의 위쪽 '읽기, 듣
기, 사진/동영상 보기'를 활용해서 배우고, 가르쳐왔습니다. 왜 그렇
게 배워왔고 가르치고 있을까요? 교수자 입장에서 가장 편한 방법이

---

[*] Dale, E. (1969). Audio-visual methods in teaching Ed. Hotl, Renhart and Winston, New York.
[**] 학습한 내용을 유지하며, 이를 현실에서 실행에 옮기는 일련의 과정과 현상을 의미합니다.

기 때문입니다. 인류가 쌓아온 지식은 대부분 책의 형태로 기록되고 보존되어 왔습니다. 정적인 텍스트에 자신의 견해와 경험을 섞어서 말로 설명하는 방법, 교수자 입장에서 가장 편리한 방법입니다. 그렇다고 모든 책임이 교수자에게만 있지는 않습니다. 말로 설명하는 방법은 많은 학습자를 낮은 원가로 가르치기에 최적화된 접근입니다. 교육 원가를 낮춰야 하는 상황에서 교수자가 다른 선택을 하기는 쉽지 않습니다.

경험의 뿔을 읽기~데모 관람, 롤플레잉~실제 체험, 이렇게 두 덩어리로 나눠 보겠습니다. 위쪽은 지극히 수동적인 방법입니다. 학습자는 눈과 귀로 정보를 획득하고, 남겨야 할 정보를 노트에 정리합니다. 이 과정은 외부의 정보를 지속해서 받아들이는 데 중점을 둡니다. 반면,

아래쪽은 능동적인 방법입니다. 학습자는 눈과 귀로 정보를 획득하고, 이를 기존의 지식과 혼합하여, 스스로 생각하고 판단하는 과정을 경험합니다. 롤플레잉이나 실제 체험은 가만히 스토리만 따라가서는 진행이 안 되기 때문입니다. 이 과정은 받아들인 정보를 바탕으로 스스로 생각하고 판단하는 능력을 키우는 데 초점을 둡니다.

이 두 접근에는 엄청난 차이가 있습니다. 우리가 학습하는 이유는 무엇일까요? 외부의 정보를 단기간에 많이 받아들이는 게 목적일까요? 아니면 세상의 문제를 해결하는 능력을 키우는 게 목적일까요? 궁극적인 목적은 문제해결 능력의 향상입니다. 더 늦기 전에 경험의 뿔, 그 아래쪽으로 교육의 중심이 이동되어야 합니다. 이를 위해 다양한 방법, 접근이 가능하겠으나 저는 게이미피케이션 Gamification 을 중심으로 그 길을 열어보려고 노력하는 중입니다.

게이미피케이션 Gamification 은 게임에 일반적으로 사용되는 요소들을 게임이 아닌 영역에 적용하는 접근법을 의미합니다. 게임을 만드는 데 쓰이는 규칙, 스토리, 미적 자극 등을 게임이 아닌 영역에 적용하여 사용자의 동기부여 수준을 높이는 도구가 게이미피케이션입니다. 'Gamification'이란 단어는 게임으로 만든다는 의미의 동사인 'Gamify'의 명사형으로 이해하면 됩니다.

◆ 게이미피케이션으로 열고 싶은 새로운 길

이 글을 읽고 계시는 HRD담당자, 강사분들은 학습자를 어떤 방법으로 교육하시나요? 이제까지 우리는 어떻게 배워왔을까요? 교육 콘텐츠를 교수자가 소화해서, 소화한 결과를 학습자가 먹기 좋게 전달하는 게 교수자의 역할이었고, 그것을 잘 받아먹는 게 학습자의 역할이었습니다. 이런 상황에서 저는 교육 콘텐츠, 교수자, 학습자 간의 기존 관계를 대략 다음 그림의 왼쪽같이 생각합니다.

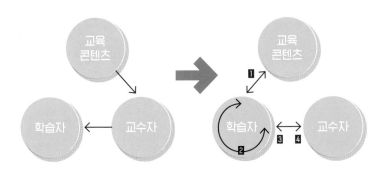

이 경로가 최선일까요? 온라인 공간에는 동영상 강의, 팟캐스트, 전자책, 블로그, 위키피디아 등 헤아릴 수 없이 다양한 지식의 보고가 있습니다. 저는 이게 앞 그림 오른쪽의 1번 경로라고 생각합니다. 학습자는 스스로 1번 경로를 통해 폭넓은 지식을 얻습니다.

*** 모든 지식을 1번 경로로 얻을 수 있다는 주장은 아닙니다.

다양한 지식을 습득했다고 해서, 혼자 살아갈 수는 없습니다. 귀찮거나 불편한 경우도 있지만, 우리는 2번 경로를 통해 동료들과 소통하고 협업하는 방법을 익히고, 그 과정에서 서로의 생각을 나누며 깊은 성찰을 하게 됩니다.

그럼 교수자는 학습자에게 무엇을 줘야 할까요? 온라인 공간에서 얻기 어려운 지식, 지식의 전체 구조를 알려줘야 합니다. 그리고 이보다 더 중요한 요소는 교수자의 피드백입니다. 습득한 지식을 바탕으로 학습자가 만들어낸 결과물, 학습자가 표현한 생각에 관해 피드백하고 배움의 여정이 멈추지 않게 동기를 부여하는 역할이 교수자의 핵심입니다. 이 경로가 3번입니다.

마지막 4번은 무엇일까요? 학습자의 고민, 질문을 듣는 역할입니다. 교수자가 말하고 학습자는 듣기만 하는 구조를 벗어나야 합니다. 교수자는 지금보다 훨씬 적게 말하고, 훨씬 많이 들어야 합니다. 이 역할이 4번 경로입니다. 게이미피케이션을 교육에 접목하는 목적은 이런 1~4번 경로를 만들고 강화하기 위해서입니다.

◆ 새로운 길에 담긴 고단함

새로운 경로, 새로운 길을 내기는 쉽지 않습니다. 그래서 늘 고민이 많습니다. 이런 제게 큰 자극을 준 이야기가 있습니다.

인도 북부에는 겔루라는 작은 시골 마을이 있습니다. 산으로 가로막힌 오지입니다. 병원, 학교가 있는 옆 마을까지 까려면 높은 산을 돌아서 72km를 가야 합니다. 이 마을에 다시랏 만지 Dashrath Manjhi 라는 분이 살았습니다. 어느 날 그분의 아내가 갑자기 정신을 잃고 쓰러졌다고 합니다. 그런데 그분은 위독한 아내를 병원에 데려가 보지도 못한 채 영원히 떠나보냈습니다. 높은 산을 넘어갈 수 없었기에 산을 둘러가는 72km의 먼 길로 옆 마을 병원을 향했으나, 병원에 도착하지도 못한 채 아내는 숨을 거두었습니다.

만지씨는 산을 뚫어 길을 만들기로 결심했습니다. 자신과 같은 슬픔을 겪는 이가 없기를 바라는 마음이었습니다. 돕는 이나 변변한 장비도 없이, 혼자 힘으로 망치와 정만으로 길을 만들기 시작했습니다.

그는 결국 산에 새로운 길을 뚫었습니다. 폭 9m, 길이 100m의 길입니다. 1960년부터 1982년까지, 22년이 걸렸습니다. 이제 몇 분이면 병원이 있는 옆 마을에 도착합니다. 만지씨는 영웅이 되어 아내의

곁으로 갔습니다.

◆ **여정을 함께 할 동료들에게**

다시 한 번 더 경험의 뿌리를 살펴봐주시기 바랍니다. 이 책을 펼치신 HRD담당자, 강사, 교육자께서 경험의 뿌리 아랫부분에 담긴 중요성에 공감하셨다면, 그리고 제가 보여드린 새로운 4개의 길에 공감하셨다면, 이 책이 안내하는 여정을 끝까지 함께 해주셨으면 합니다.

2019년 6월

김상균

C O N T E N T S

게이미피케이션,
그게 게임인가요?

01 이런 분을 위해 준비했습니다.

"게이미피케이션, 그거 기능성게임이죠?
저 그거 90년대에 좀 해봤어요.
교육생들이 각자 노트북에 프로그램 깔면 되죠?"
_ K박사/기업교육업체 L사 강사

"저희는 보통 경쟁사인 A그룹에서 먼저 시작하면
좀 따라가는 편이거든요.
A그룹에서는 게이미피케이션 많이 쓰고 있나요?"
_ S책임/B사 HRD담당자

게이미피케이션,
해? 말아?

02 이런 분을 위해 준비했습니다.

"할지, 말지 고민이 많네요.
처음 해보는 시도여서요."
_ L과장/C사 HRD담당자

"뭐부터 시작할지 잘 모르겠어요.
참여해보면 쉬운 듯도 한데,
막상 제가 직접 하려니 막막하네요."
_ P교수/K대학교

게이미피케이션,
필패하는 8대 법칙

03 이런 분을 위해 준비했습니다.

"지난번에 워크숍에서
게이미피케이션 적용해봤다가 폭망했는데,
대체 이유가 뭘까요?"
_ K차장/A사 HRD담당자

"게임, 뭐 그게 별건가요.
저도 게임 많이 해봤어요.
포인트, 레벨 그런 거 이리저리 넣어보면 되지 않겠어요?"
_ J책임/S사 이러닝플랫폼 기획자

의미에 재미를 더하는
게이미피케이션 실전 기법

04 이런 분을 위해 준비했습니다.

"해보고는 싶은데요. 제가 게임을 거의 안 해서요.
게이미피케이션 경험은 더욱 없고요.
사례나 규칙들 쫙 정리된 문서는 어디 없나요?"
_ L프로/D사 HRD담당자

"게이미피케이션이 적용 가능한 경우는 극히 제한적이죠?
저는 발표, 토론 교육을 주로 하는 데,
그런 데 게임이 적용될 리가 없잖아요."
_ P박사/기업교육업체 K사 강사

게이미피케이션,
레벨업을 원하시나요?

05 이런 분을 위해 준비했습니다.

"게이미피케이션, 적용해보니 정말 좋은데요.
혹시 더 공부해보려면 어떻게 하면 좋을까요?
김 교수님 랩으로 들어가면 될까요?"
_ C수석/E그룹 HRD담당자

"듣지 않는 것은 듣는 것만 못하고,
듣는 것은 보는 것만 못하며, 보는 것은 아는 것만 못하고,
아는 것은 행하는 것만 못하다.
배움은 행함에 이르러서야 멈춘다."
荀子〔순자〕 儒效篇〔유효편〕

"들으면 잊는다. 보면 기억한다.
행동하면 이해한다. 플레이하면 변화한다*."
김상균

* 인터넷 상에 공자의 논어로 출처가 표기된 "들으면 잊는다. 보면 기억한다. 행동하면 이해한
다."라는 문구가 많이 인용되고 있으나, 이는 부정확한 출처이며 작자가 불확실합니다. 저는 이
문구에 "플레이하면 변화한다."를 덧붙여서 게이미피케이션의 가치를 설명하고자 합니다.

게이미피케이션,
그게 게임인가요?

PART
01

김 교수는 게이미피케이션을
왜 시작했어요?

1

가끔 제게 이 질문을 하는 분들이 있습니다. 이 질문을 제게 하신 분들로부터 저는 무언가 공통된 느낌을 받습니다. 질문을 하는 그들의 눈빛에는 게이미피케이션에 관한 순수한 호기심이 담겨 있습니다. 그런 순수한 눈빛에 이끌려 조금은 부끄러운 제 첫걸음을 담담하게 털어놓곤 합니다.

2005년 여름으로 기억합니다. 직장생활을 하며, 박사과정 코스웍을 마치고 모교에서 한 과목을 강의하던 때였습니다. 토요일 오전 3시간 연강, 교양 과목, 다양한 학과에서 모인 20여 명의 학생. 주중의 피로가 모두 잊혀 질만큼 제게는 참 즐거운 수업이었습니다. 강사와 학생의 관계라기보다는 선후배처럼 친해지는 학생들이 많았습니다.

"우리 대학 교수님들은 강의를 너무 못하세요."

어느 날 함께 생맥주를 같이 마시다가 한 학생이 제게 건넨 말입니다. 그 친구가 얘기한 '우리 대학 교수'에 제가 꼈는지 아닌지를 처음에는 몰랐습니다. 얘기를 더 나눠보니, 대학 교수들이 갖고 있는 지식, 경험, 연구 능력 등은 인정하지만, 가르치는 사람으로서는 많이 부족하다는 게 그 친구의 의견이었습니다. 짧은 대화였으나, 제게는 좀 충격이었습니다. 돌이켜보니 강단에 처음 선 때가 2004년이었는데, 저는 강단에 서기 전까지 누군가를 어떻게 가르칠지에 관해 배워본 적, 공부해본 적이 전혀 없었습니다. 그 친구를 포함해서, 몇몇 학생에게 대학 수업의 문제점에 관한 의견을 물었더니 세 가지 부분을 지적했습니다.

◆ 소통 – 교수가 일방통행하는 방식은 싫다.

◆ 재미 – 설명이 참기 힘들 만큼 지루하다.

◆ 의미 – 왜 배우는지 이유를 모르겠다.

그 학생들의 의견대로라면, 그들은 최악의 수업을 참고 있는 셈이었습니다. 소통, 재미, 의미를 놓고 보니, 그 친구가 얘기한 '우리 대학 교수'에 저도 포함된다는 생각이 들었습니다. 세 가지 문제를 한 번에 해결할 방법을 몇 주 동안 고민하다가 이런 그림을 떠올렸습니다.

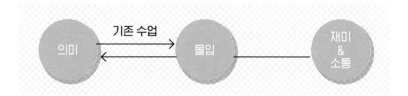

학습자 입장에서 제가 경험한 학습은 그림의 왼편에서 가운데로 향하는 식이었습니다. 학습자가 배움의 의미를 깨닫고, 그 깨달음을 통해 몰입하는 접근입니다. 선생님, 교수님들은 학기 초가 되면 각 교과목이 나중에 어디에 쓰이는지 짧게 얘기해주셨습니다. 그러나 대학시절까지 대부분의 학습에서 저는 그 의미를 온전히 깨닫지 못했습니다. 그저 상대 평가에서 좋은 성적을 얻기 위해 노력한 기억이 대부분입니다.

저는 그림의 오른편에서 가운데로 향하는 접근을 생각했습니다. 배워야하는 의미를 설명해서 학습자를 몰입시키는 방법이 아닌, 재미있게 소통하며 수업해서 학습자가 몰입하다 보면 스스로 자연스레 의미를 알게 되리라는 예상이었습니다.

제가 수업에서 했던 첫 번째 게임은 게임보다는 놀이에 가깝습니다. 사람은 스스로의 예상보다 더 창의적이라는 점을 증명하는 놀이였습니다. 강의실 책상을 모두 벽면으로 붙여두고, 마스킹 테이프로 강의실 앞뒤에 출발선과 도착선을 그렸습니다. 20여 명의 학생들은 2인

1조로 짝을 만든 후 출발선부터 도착선까지 짝과 함께 이동하면 됩니다. 단, 다른 조의 모습과 다른 모습으로 이동해야 합니다. 예를 들어, 앞 조가 손을 잡고 이동했다면, 다음 조는 서로 발을 걸고 이동하고, 그 다음 조는 한 명이 눈을 감은 채 짝의 어깨에 손을 올리고 이동하면 되는 식입니다. 놀이를 시작하기 전에 학생들에게 몇 가지 방법이 나올지 예상해보도록 했습니다. 대략 20개 정도를 예상했습니다. 실제 플레이에서는 계속 새로운 모습이 나타나서 30번까지만 하고, 플레이를 끝냈습니다.

  어떠세요? 의미 있는 게임, 놀이라고 생각하시나요? 지금 생각해보면 많이 엉성했지만, 놀이를 함께 즐기던 그때 학생들의 모습이 아직도 눈에 선합니다. 그 뒤로는 퀴즈 게임을 만들어서 즐기기도 했습니다. 파워포인트의 사라지기 애니메이션 기능을 활용해서, 미리 준비한 퀴즈를 보물 상자로 가려놓고, 퀴즈에 도전하는 학생이 번호를 선택하면 문제가 나타나고, 그 문제를 푸는 게임이었습니다. 처음에는 왼편

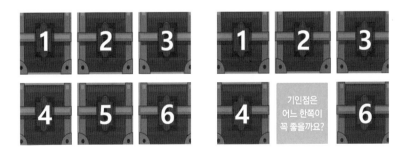

의 화면이 보이고, 학습자가 5번 보물 상자를 열면 오른편과 같이 문제가 등장하는 식입니다. 아주 단순한 규칙이지만 학생들의 반응은 꽤 괜찮았으며, 지금도 가끔 이 퀴즈 게임을 플레이합니다.

많은 분들은 게이미피케이션이라고 하면, 복잡한 규칙, 다양한 도구, 드라마틱한 서사 구조로 엄청난 상호작용을 유도하는 플레이를 예상합니다. 저 또한 앞서 설명한 첫 걸음 이후로 여러 콘텐츠를 만들고 적용하면서, '큰 게임'을 만들어야 한다는 강박, 욕심에 빠지기도 했습니다. 그런데 지금은 생각이 다릅니다. 쉽고 간단한 규칙, 가볍고 적은 도구, 직관적인 이해하기 쉬운 이야기 콘텐츠가 더 좋다고 생각합니다. 교육 환경, 상황의 대부분이 이렇기 때문입니다.

◆ 한 명의 강사가 담당하는 학습자가 보통 수십 명입니다.

◆ 학습자 중 복잡한 규칙을 빠르게 이해하는 이들은 극소수입니다.

◆ 도구가 많아지면 이동, 현장 운영, 유지가 어려워집니다.

◆ 학습자 간 상호작용이 발생하는 교육 게임, 게이미피케이션에서 학습자는 주어진 이야기보다 상호작용을 통해 만들어가는 소소한 이야기를 더 좋아합니다.

쉽고, 가볍고, 직관적인 콘텐츠를 어떻게 만들고, 어떻게 학습자와 함께 즐길지, 그 비밀을 천천히 풀어보겠습니다.

◆◆◆

"

Benjamin Franklin
says

말해주면 저는 잊습니다.
가르쳐주면 저는 기억합니다.
참여시켜주면 저는 배웁니다.

"

게이미피케이션과
GBL은 서로 다른 건가요?

저는 이 둘을 굳이 구분할 필요가 없다고 생각하지만, 꾸준히 듣는 질문이기는 합니다. 간단히 정의하면 다음과 같습니다.

◆ 게이미피케이션: 기존의 전체 학습 과정을 대부분 유지하면서, 게임적 요소를 더하는 접근

◆ GBL Game-Based Learning : 학습자가 게임을 플레이하면서, 무언가를 배우는 접근

기업의 핵심가치를 신입사원들에게 교육한다고 가정합시다. 교육 시간을 잘 지키는 경우, 동료들에게 피드백을 잘 하는 경우 등을 운영 자가 관찰하여 학습자에게 포인트 Point 를 부여하고, 그 결과를 리더보

드 Leader Board ˙ 에 공개하는 방식은 게이미피케이션입니다. 스마트폰 퀴즈게임 앱을 플레이하면서, 신입사원들이 핵심가치를 잘 기억하도록 만들었다면 이는 GBL입니다. GBL에 사용되는 게임 콘텐츠를 기능성 게임 Serious Game ˙˙ 이라고 부릅니다.

그렇다면 앞 절에서 예시한 파워포인트 퀴즈게임은 게이미피케이션과 GBL 중 무엇일까요? 학습 과정을 변화시키지는 않았으니 게이미피케이션의 특성이 있고, 퀴즈게임 앱까지는 아니지만 이런 게임 방식으로 퀴즈를 풀다보면 학습에 도움이 될 테니 GBL의 특성이 있습니다. 성인 교육 환경에서 게임적 요소를 적용하다 보면, 그게 게이미피케이션인지 GBL인지 구분이 모호한 경우가 매우 많습니다. 학술적 연구를 위한 목적이 아니라면, 이 둘을 구분하는 훈련을 굳이 할 필요는 없습니다.

이 책에서는 게이미피케이션과 GBL을 구분하지 않고, 게이미피케이션으로 지칭하겠습니다.

---

* 게임에 참가하는 플레이어들의 우열을 보여주는 상황판을 의미합니다. 점수판(Scoreboard)과 같은 의미입니다.
** 모든 기능성게임이 GBL 목적으로 쓰이지는 않습니다. 기능성게임은 GBL 이외에 마케팅, 홍보 등의 목적으로도 많이 제작, 활용됩니다.

게이미피케이션, 그거 레크레이션의 새로운 버즈워드인가요?

3

더 이야기를 풀어가기 전에 교육 게이미피케이션과 레크레이션, 아이스브레이킹의 관계를 한번 짚어보겠습니다. 게이미피케이션 교수법 연수를 진행하는 교육기관, 기업이 점차 많아지고 있습니다. 그런 연수가 오픈되면 제가 참여하는 게 아니어도 정말 반갑습니다. 그래서 어떤 프로그램을 진행하는지 꼼꼼히 보게 됩니다. 그러다 보면 우려가 되는 경우가 적잖습니다. 각종 레크레이션, 아이스브레이킹 기법을 배우는 과정인데, 명칭을 '교육 게이미피케이션'이라고 달아놓은 경우가 종종 보입니다. 레크레이션, 아이스브레이킹 기법을 교육 현장에서 사용하면 학습자들이 서로 마음을 열고, 교육에 임하는 에너지를 높여주는 효과가 있습니다. 교육 중 지친 심신을 달래주기도 하고요. 그러나 레크레이션, 아이스브레이킹 기법은 교육 게이미피케이션과 지향점에서 큰 차이가 있습니다.

◆ 레크레이션: 힘든 교육 과정 중 학습자들에게 잠시 휴식, 즐거움을 주기 위한 목적

◆ 아이스브레이킹: 학습자들이 낯선 환경, 새로운 교육 주제, 처음 보는 강사, 다른 학습자에 대해 갖고 있는 두려움을 풀어주고 마음의 벽을 낮추게 하는 목적

◆ 교육 게이미피케이션: 교육 내용, 과정에 학습자들이 재미를 느껴서 몰입하게 하는 목적

100여 명의 참가자들이 5인당 1팀, 총 20팀으로 나눠서 대강당에 모여 온라인 소프트웨어, 여러 가지 물리적 도구를 활용하여 방탈출 게임을 즐깁니다. 방탈출은 여러 단계로 구성되어 있으며, 각 단계별로 제시된 단서를 통해 퍼즐을 풀어 해제코드를 찾아야 합니다. 단계별로 재미있는 새로운 퍼즐을 경험합니다. 이 과정에서 특별한 학습 관련 정보 검색, 지식 활용, 업무 노하우가 쓰이지는 않습니다. 100명의 참가자들은 웃고, 떠들고, 공간을 돌아다니며 서로 어울립니다. 소요시간은 60분입니다. 이런 콘텐츠는 레크레이션, 아이스브레이킹, 교육 게이미피케이션 중 어디에 해당할까요? 저는 레크레이션 80%, 아이스브레이킹 20%, 교육 게이미피케이션 0%라고 생각합니다. 교육 게이미피케이션이 0%여서 나쁘다는 의미는 아닙니다. 다만, 앞서

설명한대로 레크레이션, 아이스브레이킹, 교육 게이미피케이션은 서로 다른 목적을 갖고 있기에 레크레이션이나 아이스브레이킹 활동을 하면서 교육 게이미피케이션 활동이라고 얘기하는 건 좋지 않습니다.

"지난번에 우리 회사 직원들이 강당에 모여서 무슨 게임 한다고 해서 같이 해봤어요. 같이 해보니까 재밌더라고요. 직원들도 참 좋아하고요. 맨날 술 먹고, 운동장에서 체육대회만 했는데, 신선했어요. 그런데 좀 이상한 건 교육부서 담당자가 그걸 교육 프로그램이라고 하는 거예요. 그게 교육이면 체육대회도 교육인가요? 근데, 그런 걸 요즘에 게이미피케이션이라고 하나요?"

몇몇 기업의 C레벨 관리자들이 이런 말을 제게 한 적이 있습니다. 그럴 때마다 기대와 우려가 교차합니다. 즐거운 놀이, 재미 문화가 여러 기업에 점점 스며든다는 기대감과 함께 '게이미피케이션 = 놀이'라는 오해가 생겨서 게이미피케이션을 교육에 활용하기가 오히려 어려워진다는 우려입니다. 이 책의 독자들께 부탁드립니다. 부디 게이미피케이션, 레크레이션, 아이스브레이킹. 이 세 용어를 혼용하지 마시기 바랍니다. 다시 한 번 더 강조하자면, 레크레이션과 아이스브레이킹 활동이 나쁘다는 뜻은 아닙니다. 서로 다른 지향점을 갖고 있는 활동이어서, 그 지향점을 고려하여 용어를 사용해야 각 분야가 본질의 목적에 맞게 발전하기 때문입니다.

◆◆◆

10년째 듣는 질문, 다른 국가나 기업에서는 많이 쓰나요?

4

세계적인 인적자원개발 협회인 ATD Association for Talent Development 는 매년 학습기술을 주제로 국제 컨퍼런스를 개최합니다. 컨퍼런스에서는 기술을 7개의 트랙인 이러닝, 모바일과 소셜, 기술전략, 트랜드 기술, 플랫폼과 도구, 가상 교실, 기능성게임과 시뮬레이션으로 분류합니다. 마지막 주제인 기능성게임과 시뮬레이션의 핵심이 게이미피케이션입니다. 또한 SHRM Society for Human Resource Management 의 발표에 따르면 포춘 500대 기업의 94%가 HR분야에 게이미피케이션을 활용하고 있습니다. 요컨대, 게임적 요소는 이러닝과 비슷한 수준에서 중요한 교육 기술로 인정받고 있으며, 대부분의 글로벌 기업이 이미 이를 활용하고 있습니다.

◆ ◆ ◆

국내 상황은 국외와 비교하여 아직은 차이가 큰 편입니다. 성인 교육 분야를 놓고 보면, 국내에서는 주요 대기업과 중견기업을 중심으로 게이미피케이션의 확산이 점점 더 빨라지는 추세이지만, 도입 비율에서는 국외에 비해 아직 많이 낮은 상황입니다. 중소기업의 경우 교육 여건 교육 담당자 배정, 교육 예산, 새로운 교육 기법에 관한 관심 등 상 아직까지는 게이미피케이션 도입을 잘 하지 못하는 상황입니다. 국내에서 기업들의 게이미피케이션 도입이 쉽지 않은 이유는 다음과 같습니다.

◆ 사내 HRD담당자의 전문성: 대부분 사내 HRD담당자들의 게이미피케이션 관련 경험이 적은 편입니다. 국내에서 게이미피케이션을 교육받고 체험할 교육 프로그램이 부족하다 보니 그렇습니다.

◆ 외부 전문 인력: 사내 HRD담당자들과 협력하여 콘텐츠를 개발하고 운영할 외부 전문 인력이 부족합니다. 국내 대학의 교육학, 교육공학 과정에서 게이미피케이션을 거의 다루지 않고 있어서 전문 인력 배출이 잘 안되기 때문입니다. 또한 일반 게임 개발자가 게이미피케이션 프로젝트에 참여하기도 좀 애매한 면이 있습니다. 그분들은 게임의 기술적, 미학적, 스토리적 요소는 잘 알지만, 이런 게임적 요소를 기업의 HRD시스템과 업무 프로세스에 녹여내기 위해 필요한 교육 관련 전문성, 기업의 전략이나 프로세스에 관한 이해가 낮기 때문입니다.

◆ 교육 원가: 게이미피케이션 콘텐츠의 개발과 운영 과정에서 다른 교육 기법, 특히 주입식 교육과 비교하여 단기 원가가 높게 발생합니다. 따라서 HRD 담

당자가 예산 확보에 어려움을 겪는 경우가 많습니다. 장기 원가 측면에서는 오히려 더 높은 효율을 보인다고 저는 생각합니다. 예를 들어 1인당 교육원가 1만 원을 투자하여 핵심가치를 주제로 주입식 교육을 했습니다. 교육 후 성과가 좋지 않다고 판단하여 추가 교육을 2회 더 실시하여, 총 3회를 진행합니다. 저는 이런 상황을 여러 차례 목격했습니다. 온라인 강좌를 듣게 하고, 효과가 미비하여 집체 교육을 진행하고, 그래도 부족하여 강사를 교체하여 비슷한 주제로 또 강의를 하는 경우입니다. 반면에 게이미피케이션을 적용하여 1인당 교육원가 2만 원을 투자하여 핵심가치 교육을 했더니 효과가 좋다면, 어느 쪽이 더 원가 경쟁력이 높을까요?

◆ C레벨 의사결정권자: 게이미피케이션 콘텐츠 도입을 결정하는 C레벨 임원들이 '게임'이라는 단어에 관해 부정적 인식을 갖고 있는 경우가 많습니다. 이는 게임을 활용한 교육에 관한 부정적 인식, 두려움으로 이어져서, 게이미피케이션 콘텐츠 도입에 반대하는 결과를 초래합니다.

**_Rosa Luxemburg
says_**

움직이지 않는 사람들은
자신에게 묶인 사슬을
눈치채지 못한다.

GAMIFICATION

"게임을 누가 시작했는가는 중요한 게 아니다.
누가 마무리하느냐가 중요하다."
John Wooden (농구 코치)

게이미피케이션,
해? 말아?

PART
02

여정의 첫걸음,
이렇게 시작해보세요.

게이미피케이션, 그 첫걸음을 떼기 위한 몇 가지 팁을 드립니다.

◆ 편한 주제와 대상을 선택

HRD 담당자 입장에서는 새로운 접근입니다. 따라서 처음 적용은 본인이 자신 있는 교육 주제, 대하기 편한 학습자를 대상으로 해야 합니다.

"저는 우리 회사의 비전을 중간 관리자들에게 교육하는 게 제일 힘들어요.

비전이 제가 보기에도 모호한 면이 많은 데다가 비전이란 게

윤리, 도덕 교육 같아서 그분들이 내용을 잘 듣지 않으시고,

◆◆◆

또 중간 관리자분들께서 시니컬하고, 저보다 직급도 대부분 높아서요. 그래서 그런데 다음 기수 중간 관리자 비전 교육에 게이미피케이션을 적용하면 어떨까요?"

이런 생각은 좋지 않습니다. 교육 방식 이전에 교육 주제, 내용에 관해 교육 담당자가 확신이 없습니다. 또한 교육 대상자들을 매우 불편하게 여기고 있습니다. 손에 익지 않은 무기를 쥐고, 최종 보스를 잡으려 덤비는 격입니다. 하나의 정답은 없으나, 보통은 열정과 참여 의지가 넘치고, 호의적인 태도를 보여주는 신입 사원들의 기본 오리엔테이션을 첫 시도로 해보면 좋습니다.

◆ 운영하기 쉬운 도구부터 활용

첫걸음은 쉬워야 합니다. 규칙이 매우 간단한 보드게임형 패키지, 안정적인 소프트웨어를 쓰시면 좋습니다. 상대적으로 쉽게 적용하실 만한 몇 가지 콘텐츠를 소개합니다. 꼭 여기서 추천하는 콘텐츠가 아니어도 비슷한 수준으로 가벼운 콘텐츠를 먼저 적용하시는 편이 좋습니다. 그런 후에 4장에서 소개하는 다른 콘텐츠들을 고려해보시기 바랍니다.

◆ 메이플라이 인생 카드: 구성원이 삶에서 추구하는 핵심가치가 무엇인지 탐구하는 보드게임형 도구입니다. 핵심가치 교육 시 활용하면 좋습니다. 한 세

트로 15명이 플레이할 수 있으며, 참가 인원이 늘어나면 세트 수를 추가하면 됩니다. 한 명의 진행자가 백 명이 넘는 인원을 대상으로 플레이 진행이 가능한 규칙입니다. 퀘스트스쿨 www.questschool.kr 에서 구매 가능한 콘텐츠입니다. 이 콘텐츠에 관한 상세한 설명과 응용 방법은 4장에서 설명합니다.

◆ 무인도 생존일지: 구성원 각자가 가진 전략적 성향 차이를 가볍게 찾아보는 도구이며, 교육이나 워크숍 시작 시 팀빌딩 목적으로도 활용이 가능합니다. 한 세트로 30명이 플레이할 수 있으며, 이 도구도 한 명의 진행자가 많은 참가자를 대상으로 플레이를 진행하기에 편리한 규칙입니다. 퀘스트스쿨 www.questschool.kr 에서 구매 가능한 콘텐츠입니다. 이 콘텐츠에 관한 상세한 설명과 응용 방법은 4장에서 설명합니다.

◆ 클래스카드: 퀴즈게임 소프트웨어입니다. 강사가 사전에 www.classcard.

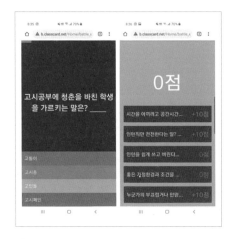

net에서 무료 계정을 만들고, 퀴즈에 사용할 문제 보통 20~30개 정도 를 입력하면 됩니다. 퀴즈를 만드는 기능은 워드프로세서보다 더 단순합니다.

교육 시 강사가 PC에서 인터넷 브라우저로 www.classcard. net에 접속하여 퀴즈게임을 시작하면, 학습자들은 자신의 스마트폰으로 b.classcard.net에 접속해서 강사의 퀴즈게임에 나타난 접속코드를 입력하면 플레이를 바로 할 수 있습니다. 학습자가 자신의 스마트폰에 별도의 앱을 설치하거나, ID를 만들 필요가 없는 점이 편리합니다. 퀴즈게임은 보통 2~3분 정도 진행하면 적당합니다. 퀴즈게임이 끝나면, 학습자들의 점수가 리더보드 형태로 나타납니다. 퀴즈게임의 규칙이 직관적이어서 규칙을 설명하지 않아도 됩니다. 학습자들의 사전, 사후 학습 수준을 가볍게 점검하고, 호기심을 유도하는 목적으로 쓰면 좋습니다. 동시에 150명 정도의 학습자까지 접속이 가능합니다.

◆ 슬라이도: 게임적 요소를 살짝 가미한 질의응답 플랫폼입니다. 대부분의 기능을 무료로 사용하시면 됩니다. 강사가 사전에 slido.com에서 무료 계정을 만들고, 교육 명칭, 운영 기간 등의 기본 정보 몇 가지만 입력하면 됩니다. 기능이 인터넷 쇼핑몰보다 단순합니다. 객관식, 주관식 등의 질문을 하고, 학습자가 이에 답하는 기능도 있으나, 기본적으로는 Q&A 기능을 쓰면 됩니다. 이

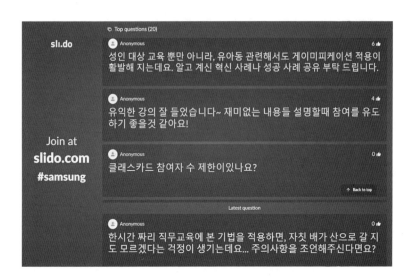

툴은 학습자가 익명으로 질문, 의견을 올릴 수 있으며, 사전에 앱을 설치하거나 계정을 만들 필요가 없습니다. 또한 다른 학습자가 올린 질문, 의견에 공감하면 좋아요 버튼을 누르는 기능이 있고, 좋아요를 많이 받은 질문, 의견이 자동으로 상단으로 정렬되어 교육 내용을 정리하기에 효율적입니다. 동시에 1000명의 학습자까지 접속이 가능합니다. slido.com의 어떤 면이 게이미피케이션이라고 보면 될까요? 저는 두 가지 포인트를 봅니다. 첫째, 플랫폼에 들어오는 참가자들이 서로 심리적으로 매우 편하게 소통하도록 해줍니다. 둘째, 단순한 기능처럼 보이지만 좋아요 버튼만으로 훌륭한 게임적 경험을 만들어줍니다. 게이미피케이션은 게임의 다양한 요소 중 일부를 가져다가 효율적으로 쓰는 접근법입니다. slido.com의 시각적 느낌이 게임과 무관해보이지만, 게이미피케이션 요소가 잘 적용된 사례입니다.

◆ 학습자 만족도와 의견을 조사, 분석

교육 결과를 학술적으로 분석하려면 좀 더 복잡한 절차, 도구를 사용해야 하지만, 현실적인 효율성을 고려해서 가벼운 팁을 드립니다. 게이미피케이션을 적용한 교육, 적용하지 않은 교육에 각각 참가한 별도의 학습자 집단을 대상으로 흥미, 집중도, 효능감 등을 조사합니다. 종이 설문지나 구글 온라인 설문을 활용해서 5점 또는 7점 리커트 스케일로 답하게 합니다. 다음과 같은 질문이 가능합니다.

◆ 교육 과정이 재미있으셨나요?

◆ 교육 과정에 몰입하셨나요?

◆ 교육 주제에 관한 관심이 생기셨나요?

◆ 학습한 내용이 직무에 도움이 되리라 생각하시나요?

◆ 교육 프로그램에 전반적으로 만족하시나요?

이런 문항에 대해 게이미피케이션을 적용한 교육, 적용하지 않은 교육에 참가한 학습자들의 응답을 평균 내어 비교하면 됩니다. 추가적으로 게이미피케이션을 적용한 교육에 참가한 학습자들을 대상으로 인터뷰를 해보면 더욱더 좋습니다. 이런 질문이 가능합니다. 한 번에 문항을 다 공개하기보다는 순차적으로 묻는 방식이 좋습니다.

---

* 더 정밀하게 하려면, 실험집단, 통제집단에 대한 사전, 사후 평가를 다 해야 합니다.

◆ 이번 교육 과정이 기존에 참여한 다른 교육 과정에 비해 어떤 점이 좋았나요?

◆ 이번 교육 과정이 기존에 참여한 다른 교육 과정에 비해 어떤 점이 좋지 않았나요?

◆ 이번 교육 과정에 적용된 교육 기법을 게이미피케이션이라고 하는데요. 이런 방법을 사내의 어떤 교육 과정이나 주제에 적용하면 좋을까요?

◆ C레벨 임원들이 현장을 눈으로 확인하게 유도

설문 분석, 인터뷰 결과를 C레벨 임원들에게 보여드려도, 교육 현장이 어떻게 바뀌었는지 정확하게 이해하지 못하거나, 수긍하지 않는 경우가 있습니다. 그분들이 학습자 입장으로 교육에 참여하면 가장 좋으나, 현실적 대안은 C레벨 임원들이 교육 현장을 잠시 방문해서 관찰하게 유도하는 접근입니다. 딴청을 부리거나 졸고 있는 직원이 평소와 다르게 전혀 없고, 생기 있는 표정으로 활발하게 의견을 내는 여러 직원들을 보면 C레벨 임원들의 생각이 바뀌는 경우가 많습니다.

Richelle E. Goodrich
says

인생은 시뮬레이션이 아니다.
진짜 게임이다.
현명하게 플레이해야 한다.

하고 싶은 &
해야 하는 이유

교육 담당자 입장에서 게이미피케이션을 추진하셔야 하는 몇 가지 이유를 살펴보겠습니다.

◆ 학습자의 수업 참여도 향상

성인 학습자를 대상으로 한 연구를 보면, 게이미피케이션을 적용하여 오프라인 교육 출석률이 85%에서 97%로 증가하고, 개별 학습자의 과제 완성 건수가 1.37건에서 1.7건으로 개선된 사례[*]가 있으며, 온라인 학습과정에서는 게이미피케이션을 적용하여 과정 이수비율이

---

[*] Laskowski, M., & Badurowicz, M. (2014). Gamification in higher education: a case study. In Make Learn International Conference(Vol. 25, pp. 971-975).

44%에서 78%로 개선된 사례[**]가 있습니다. 실제 교육 현장을 보면 다음과 같은 현상이 관찰됩니다. 교육장에 자료, 랩톱을 가져와서 다른 업무를 보거나, 교육장을 중도에 이탈하는 경우 또는 교육에 집중하지 않는 학습자 수가 확연하게 감소합니다.

◆ 학습자의 몰입도 & 재미

게이미피케이션의 효과성을 검증한 다양한 연구들[***]은 게이미피케이션 콘텐츠가 학습자의 몰입 수준을 높이고, 학습에 대해 재미를 느끼게 변화시킨다고 보고하고 있습니다. 학습자가 어떤 재미를 느끼는지 궁금하시다면, 이 책 후반부에 있는 PLEX를 참고하시기 바랍니다.

◆ 학습 성과 향상

게이미피케이션은 학습자의 참여 수준을 높여주고 그 결과 학습 성과 향상에 도움을 준다고 보고되고 있습니다[****]. 대학을 놓고 보면 대략 이런 현상이 나타납니다. 학습자의 성적을 A부터 F까지 매길 경우,

** Morales, M., Amado-Salvatierra, H. R., Hernández, R., Pirker, J., & Gütl, C. (2016, July). A practical experience on the use of gamification in MOOC courses as a strategy to increase motivation. In International Workshop on Learning Technology for Education Challenges (pp. 139-149). Springer, Cham.

*** Majuri, J., Koivisto, J., & Hamari, J. (2018). Gamification of education and learning: A review of empirical literature. In Proceedings of the 2nd International GamiFIN Conference, GamiFIN 2018. CEUR-WS.

**** Barata, G., Gama, S., Jorge, J., & Gonçalves, D. (2013, October). Improving participation and learning with gamification. In Proceedings of the First International Conference on gameful design, research, and applications (pp. 10-17). ACM.

게이미피케이션을 적용한 수업에서는 D와 F를 받는 학습자의 비율이 감소하고, 그들이 B나 C학점 구간으로 이동하는 현상이 나타납니다. 반면에 A를 받는 학습자의 비율이 대폭 증가하지는 않습니다. 즉, 게이미피케이션은 이미 성과가 꽤 높은 학습자의 성과를 높이기보다는 학습 성과가 미진한 학습자의 성과를 끌어올리는 데 더 큰 효과를 나타냅니다.

◆ 강사/교육담당자의 행복 수준 향상

게이미피케이션을 주제로 HRD담당자, 강사, 교수 등을 대상으로 워크숍을 하다 보면 제가 가끔 받는 질문이 있습니다.

"그런 작업 하려면 힘든 면이 많을 듯한데, 왜 하세요?"

오글거린다고 느끼실 독자가 있겠으나, 가장 큰 이유는 한 가지입니다. 제가 행복해서, 그리고 더 행복해지기 위해서입니다. HRD담당자는 어떤 경우에 자신의 직무에서 최고의 행복을 느끼고, 자아실현의 경험을 할까요? 학습자들이 즐겁게 몰입하며 학습에 참여하고, 그 결과 학습에 참여한 개인의 역량이 발전하며 생각과 행동이 변화하고, 더 나아가 그런 학습자들이 모인 조직이 긍정적인 방향으로 성장하는 데 기여하는 교육 프로그램을 만들고 운영할 때라고 생각합니다. 좋은 교육 프로그램을 만들어 HRD담당자가 좋은 고과와 인센티브를 받는다면 이는 작은 행복입니다. 그 뒤에는 더 큰 행복이 기다리고 있습니다.

Dalai Lama XIV
says

행복은 준비된 것이 아니다.
행복은 당신이 행동한 결과로
얻어진다.

하고 싶지만
주저하는 이유

교육 담당자 입장에서 게이미피케이션 추진을 주저하는 몇 가지 이유를 살펴보겠습니다.

◆ 학습 분량 vs. 깊이

2시간 동안 1대 N의 주입식 강의를 할 경우 보통 몇 장의 슬라이드를 소화하시나요? 제가 학습자로 경험한 강의에서는 적게는 20장 많으면 100장 가까이 진도를 나갔습니다. 그런데 게이미피케이션을 적용하면 그 진도의 1/2 정도 이상 나가기가 힘듭니다. 학습자들이 직접 참여해서 무언가를 하고, 경험하며, 소통하는 작업이 발생하기 때문입니다. 그러다 보니 '적게 배웠다고 생각하는 게 아닐까?'라는 걱정을 하는 교육 담당자가 있습니다.

그러나 몇 장의 슬라이드를 넘기냐 보다 몇 장의 슬라이드가 학습자의 기억에 남겨지고, 장기적으로 행동 변화에 영향을 주는지가 훨씬 더 중요합니다. 인간의 망각은 지식의 종류, 가르치는 방법, 기억에 대한 측정 방법 등 매우 다양한 변수에 영향을 받기에 배운 내용을 우리가 얼마나 기억하고 있을지를 정확하게 얘기하기는 어렵습니다. 다만 여러 연구를 종합해 보면 성인들은 주입식 학습 내용의 10~20% 정도를 기억하고 있습니다. 100장의 슬라이드를 힘들게 공부했는데, 10~20장만 남는다는 뜻입니다. 그렇다면 100장이 아닌 30~40장을 재미있게 공부해서, 20~30장을 기억에 남기며 마음에 깊이 담는다면 더 좋은 방법이 아닐까요? 게이미피케이션은 학습의 양보다는 질과 깊이에 더 집중하는 접근법입니다.

◆ 사전 준비 시간

주입식 강의, 토론식 강의, PBL, 플립러닝, 게이미피케이션, 이들 중제 경험상으로는 뒤로 갈수록 준비할 부분이 많았습니다. 학습자나 관찰자 입장에서는 학습자들끼리 뭔가 상호작용이 많고, 강사는 뒷전에서 지켜보는 듯해서 반대로 생각하는 경우도 있지만요.

게이미피케이션 콘텐츠를 기획하고 개발하거나, 관련 도구를 준비하는 과정에 적잖은 시간이 걸립니다. 그러나 매번 그런 준비가 필요하지는 않습니다. 자신의 교육 주제, 환경에 맞게 콘텐츠를 조금씩 늘

려가다 보면 준비에 걸리는 시간은 점점 줄어듭니다. 그럼에도 사전 준비 시간이 부담된다면, 앞 단락의 글을 한 번 더 읽어주시기 바랍니다. 좀 더 늘어난 사전 준비 시간이 주는 부담감과 비교가 안 될 큰 행복이 여러분을 기다리고 있습니다.

◆ 시큰둥한 몇 명

게이미피케이션을 시작한 HRD담당자, 강사, 교수들이 이런 질문을 가끔 합니다.

> "교육생 중 일부가 시큰둥한 반응을 보이네요. 계속해도 될까요?"

대화를 나눠보면 대략 이런 상황입니다. 전체 학습자가 30여 명 정도인데, 그중 1~2명의 반응이 영 시원치 않습니다. 훼방을 놓지는 않지만, 플레이에 소극적이고 무표정한 상태입니다. 그럴 때 저는 이런 질문을 해봅니다.

> "기존에 하시던 주입식 강의에서는 30명 중에
> 몇 명 정도가 높은 집중도를 보였을까요?"

대부분의 경우 이 질문에 답을 잘 못하십니다. 중학교 수학 시간 중 학생들의 3%만 수업에 집중한다는 조사 결과가 있습니다. 성인학습자는 어느 정도 집중할까요? 이에 관한 학술 조사를 본 적은 없으나, 제가 진행한 워크숍 참가자들을 대상으로 몇 차례 조사한 적이 있습니다. 기존에 의무적으로 참여했던 주입식 강의에 진심으로 집중했는가를 익명으로 조사했더니 응답자 중 10~20%만이 집중했다고 답변했습니다.

그 어떤 방법도 모든 학습자의 몸과 마음을 교육장에 붙들어두기는 어렵습니다. 주입식 강의와 게이미피케이션 접근법, 어느 쪽이 더 많은 이들을 교육장에 머물게 하는지를 냉정하게 판단해보시기 바랍니다.

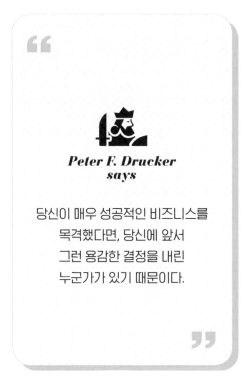

*Peter F. Drucker
says*

당신이 매우 성공적인 비즈니스를
목격했다면, 당신에 앞서
그런 용감한 결정을 내린
누군가가 있기 때문이다.

"성공으로 가는 지름길은 없다. 준비하고, 노력하고,
실패로부터 학습한 결과일 뿐이다."
Colin Powell

"누구나 실패를 반복하면서 게임 디자인을 배운다.
그러나 모든 경우의 실패를 다 경험할 필요는 없다."
김상균

게이미피케이션,
필패하는 8대 법칙

PART
03

언제나 부루마블:
모든 교육을 부루마블로?

정확한 통계인지는 모르겠으나, 우리나라에서 가장 많이 판매된 보드게임은 부루마블이라고 합니다. 저도 그렇다고 생각합니다. 교육생들을 대상으로 어떤 보드게임을 해봤냐고 물었을 때 압도적으로 많이 나오는 답변이 바로 부루마블입니다. 그래서인지 기업에서 사용하는 게이미피케이션 콘텐츠에서 가장 흔하게 보이는 형태가 부루마블의 규칙을 변형한 게임입니다.

부루마블은 많은 이들에게 익숙하지만, 문제는 너무 익숙하다는 점입니다. 그러다 보니 부루마블 규칙을 변형한 교육 콘텐츠는 학습자들의 관심, 재미를 오래 유지하기 어렵습니다. 쉽게 흥미를 잃게 합니다. 특히 게임, 게이미피케이션 콘텐츠 경험이 어느 정도 있는 학습자의 경우 부루마블식 콘텐츠를 별로 좋아하지 않습니다. 그럼에도 불구하고 시중에는 부루마블 규칙에 억지로 교육 주제를 담아낸 콘텐츠가 적잖습니다. 부루마블 형태로 콘텐츠를 만드는 접근이 편하기 때문입니다.

부루마블 형태의 게임은 랜덤으로 미션, 문제를 제시하거나, 무언가를 모으게 하는 데 적합합니다. 부루마블 규칙만으로 다양한 교육 주제를 담아내기는 불가능합니다. 부루마블의 규칙을 테이블 위가 아닌 공간을 이동하며 하는 경우도 있습니다. 다음 사례를 살펴봅시다.

A사는 조직의 핵심가치를 구성원들에게 교육하기 위해 'A보드'라는 게임을 개발했습니다. A사의 핵심가치를 구성원에게 인식시키고, 행동 변화를 유도하기 위한 목적입니다. 핵심가치를 주입식 강의로 교육할 경우 윤리 교육, 정신 교육을 받는다고 생각하여 구성원의 몰입도와 만족도가 너무 낮아지기 때문입니다. A사는 연수원 공간을 부루마블의 칸처럼 나누고, 구성원들이 여러 공간을 옮겨 다니며 퀴즈를 풀고, 핵심가치 키워드 카드를 수집하는 게임을 만들었습니다.

A사의 콘텐츠는 구성원을 대상으로 한 핵심가치 교육에 효과적일까요? 인간의 행동 변화는 어떻게 발생할까요? 예를 들어 교통신호 준수를 생각해봅시다. 더 세분화도 되지만, 5단계로 보면 대략 이렇습

니다.

> **1단계** 부정, 미인식 단계입니다. "교통신호 준수가 왜 필요해?"라는 생각을 하는 상태입니다.

> **2단계** 인식 단계입니다. "교통신호를 준수하는 게 필요하구나!"라는 생각을 하는 상태입니다.

> **3단계** 결정 단계입니다. "교통신호의 A, B, C 등을 준수해야겠다."라고 결심한 상태입니다.

> **4단계** 실천 단계입니다. 실제 교통신호를 준수하는 행동을 합니다.

> **5단계** 유지 보수 단계입니다. 실천을 지속하며, 본인의 행동을 지속적으로 교정하는 상태입니다.

A사의 핵심가치 게이미피케이션 콘텐츠는 이 중에서 몇 단계를 타겟으로 하는지, 그런 타겟을 잡은 게 타당한지, 실제 효과는 있는지 무엇 하나 확실한 면이 없었습니다. 퀴즈를 풀고, 핵심가치 키워드 카드를 모으는 활동은 행동변화 1~5단계 중 어떤 부분을 자극할까요? 기본적으로 2단계를 넘기는 어렵습니다. 저는 A사의 방식이 주입식 정신 교육에 비해서는 훨씬 더 좋다고 생각합니다. 그러나 여전히 아쉽습니다. 3~5단계가 불확실하기 때문입니다.

여러분이 새로운 게이미피케이션 콘텐츠를 마주했는데, 규칙이나 느낌이 부루마블과 유사하다면 일단은 경계하시기 바랍니다. 그 콘텐츠가 꼭 나쁘지는 않으나, 좋지 않을 확률이 꽤 높기 때문입니다.

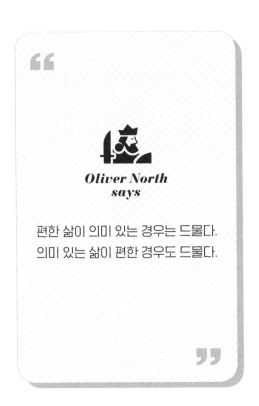

Oliver North
says

편한 삶이 의미 있는 경우는 드물다.
의미 있는 삶이 편한 경우도 드물다.

설명만 삼사십 분: 규칙은 최대한 심오하고, 복잡하게?

교육장 내에서 게이미피케이션 콘텐츠는 보통 설명 Briefing, 준비 Setting, 플레잉 Playing, 디브리핑 Debriefing 의 순서로 진행됩니다. 설명은 게이미피케이션 콘텐츠의 목적, 주의사항, 규칙을 설명하는 단계입니다. 준비는 교육장 자리 배치를 조정하고 교구를 분배하는 단계입니다. 플레잉은 학습자들이 콘텐츠를 경험하는 단계입니다. 디브리핑은 플레이한 경험을 성찰하는 단계입니다.

만약 1시간 실제 50분 교육을 진행한다면 시간 안배를 어떻게 해야 할까요? 설명 5분, 준비 5분, 플레잉 20분, 디브리핑 15분, 기타 5분 정도가 최적입니다. 이 구조에서 가장 큰 걸림돌은 설명을 5분 내에 해야 한다는 점입니다. 게이미피케이션 콘텐츠는 아니지만, 이해를 돕기 위해 고스톱이나 포커 게임을 생각해봅시다. 여러분 앞에 고스톱을 해본 적이 없는 30명의 30~40대 남녀가 앉아있습니다. 그들에게 당신 혼자 5분 내에 고스톱의 규칙을 설명해야 합니다. 그리고 5인 1조, 총 6개 팀의 게임이 진행되면, 당신 혼자 6개 팀이 제대로 규칙을 이해하고 게임을 진행하는지 챙겨야 합니다. 이 작업이 쉬울까요? 어떻게 할지 머릿속에 계획이 잘 잡히십니까? 혹시 큰소리로 '그렇다'를 외치신 분이 있다고 해도, 막상 실제로 해보면 몹시 어려운 작업입니다.

그러면 어떻게 해야 할까요? 규칙이 최대한 쉬워야 합니다. 또한 필요한 도구를 최소화해야 합니다. 규칙이 쉬우면 학습자에게 깊이 있는 경험을 주기 어렵다고 걱정할 수 있으나, 잘 만들어진 콘텐츠일수록 이해하기 쉽고 단순한 규칙을 통해 학습자들로부터 깊은 경험과 성찰을 이끌어냅니다.

규칙 설명에 삼사십 분이 걸리는 콘텐츠, 꼭 피하셔야 합니다. 여러분만 지치는 게 아니라 규칙을 이해하지 못한 학습자가 지치고, 규칙을 온전히 이해한 일부 학습자들까지 옆에서 설명해주다가 같이 지칩니다. 이런 상황이 되면 대부분의 학습자는 자신이 학습 과정을 제대로 이해하지 못했다는 자괴감, 학습 성과가 없다는 실패감정을 느낍니다.

Leonardo da Vinci
says

단순함은
궁극의 정교함이다.

불편한 마법카드:
그게 보상인가요?
벌칙인가요?

저는 수업 또는 장기간 워크숍에서 여러 종류의 마법카드를 만들어서 판매합니다. 학습자가 긍정적 행동을 했을 때 이에 대한 피드백으로 포인트를 나눠주고, 포인트를 모아서 마법카드를 교환하는 규칙입니다. 마법카드를 갖고 있는 학습자는 본인이 원할 때 마법카드를 제게 제시하고, 마법카드에 적힌 권한을 행사하면 됩니다.

진행하는 수업, 워크숍 그리고 참여하는 학습자의 특성에 따라 다르지만, 저는 학습자가 주로 다음과 같은 행동을 했을 때 포인트를 나눠줍니다.

◆ 좋은 질문을 했을 때

◆ 답변을 열심히 했을 때

◆ 발표를 잘 했을 때

◆ 미니게임에서 좋은 성과를 냈을 때

◆ 다른 학습자를 능동적으로 도왔을 때

◆ 교육장 배치, 정리 등을 도왔을 때

아날로그, 디지털 두 가지 방법으로 포인트를 나눠줄 수 있습니다. 다음 그림과 같이 보드게임용 코인, 칩을 포인트로 쓰면 됩니다. 물리적 코인, 칩을 사용하면 만지작거리는 손맛을 주기에 좋습니다. 다만 관리가 번거로운 면이 좀 있습니다.

학습자가 많고 도구 준비가 번거로우면 소프트웨어를 쓰면 됩니다. 시중에서 무료로 쉽게 사용이 가능한 소프트웨어로는 Class123,

ClassDojo 등이 있습니다. 소프트웨어, 앱을 활용하면 앞서 열거한 학습자의 긍정적 활동을 관리하기가 좀 더 편리합니다. 또한 긍정적 활동 항목을 교육 과정과 학습자의 특성을 고려하여 추가하기가 편하며, 이는 학습자의 몰입도 향상과 동기부여 강화에 도움이 됩니다.

다음 그림은 제가 학교 수업에서 사용하는 마법카드의 예입니다.

이중 'Lv.1 레벨1 대놓고 컨닝' 카드를 보면 적잖게 놀라는 분들이 많습니다. 재미는 있을지언정 공정하지 않다는 의견입니다. 제가 이 마법카드를 처음 만든 시기는 대학에 부임한지 얼마 안 되었을 때입니다. 당시 수업 시간에 교재, 필기구, 노트 등을 안 가져오는 학생이 많아서 많이 놀랐습니다. 수업 시간에 교재를 가져와서 참고하고 학습 내용을 필기하는 습관을 길러주고 싶어서, 이런 마법카드를 만들었습니다. 학생들은 마법카드가 있으면 시험에서 꽤 유리하리라 기대합니다. 그래서 포인트를 모아서 마법카드를 구매합니다. 마법카드를 구매한 후에는 마법카드를 쓰기 위해서 본인의 교재를 준비하고 직접 필기를 합니다. 직접 필기를 하다 보면 자신의 생각을 정리하며 필기하는 습관이 생깁니다. 이렇게 보면 'Lv.1 대놓고 컨닝' 카드를 나쁘게 여길 필요는 없습니다. 실제로 이런 카드를 도입한 후 교재를 가져오고 필기하는 학생의 비율이 꽤 높아졌습니다. 그리고 이 카드를 시험 중에 활용하는 게 공정하지 않다고 생각하는 학습자도 없었습니다. 두 가지 이유가 있습니다. 그런 마법카드를 개인의 노력을 통해 누적한 포인트로 가져간다는 점, 그리고 시험 중에 1분 정도 자신의 교재를 본다고 해도 시험 결과에 엄청난 차이를 가져오지는 않는다는 점입니다. 게이미피케이션에서 제공하는 보상은 학습자에게 단기적 만족감을 주는 데서 그치지 않습니다. 장기적으로는 학습자의 행동 패턴을 바꾸는 효과가 있습니다.

그러나 제가 사용한 모든 마법카드가 효과적이지는 않았습니다. 'Lv.3 레벨3 교수와의 점심'카드는 판매량이 너무 낮았습니다. 나중에 몇몇 학생에게 물어보니, 저와 외부에서 하는 식사를 불편해하는 학생들이 적잖았습니다. 그 이후로는 이 카드의 수량을 줄이거나, 보상 목록에서 삭제하고 사용합니다.

HRD담당자, 강사가 교육, 훈련에 대한 보상으로 제공해주는 혜택이 학습자 입장에서는 혜택이 아닌 경우가 있습니다. 제가 사용했던 'Lv.3 교수와의 점심' 카드를 일부 학습자는 보상이 아닌 벌칙에 가깝게 인식했습니다. 무언가에 관한 가치 평가가 개인마다 다르며, 상대적임을 기억해야겠습니다.

허접한 커피쿠폰:
내 학습 성과가
커피 한 잔의 가치인가요?

앞 절에 이어서 이야기해보겠습니다. 다음 그림은 제가 외부

워크숍에서 사용하는 마법카드의 예입니다.

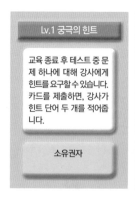

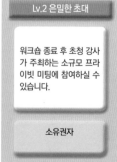

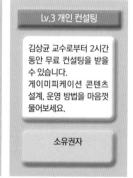

제가 마법카드를 설계하는 데는 두 가지 원칙이 있습니다.

◆ 화폐가치로 쉽게 치환되지 않는 보상

교육 과정의 성과를 인사평가, 고과에 연결하기는 현실적으로 어려운 면이 있습니다. 그러다 보니 대부분의 HRD담당자, 강사들은 교육에 대한 보상으로 물질적 혜택을 주려고 합니다. 커피나 간식 쿠폰, 백화점 상품권, 소형 가전제품 등을 사용하는 경우가 흔합니다. 오프라인 워크숍뿐만 아니라 이러닝 플랫폼을 운영하는 기업에서도 학습자가 반 년, 일 년을 학습한 포인트를 모아서 이런 상품을 교환해가는 온라인 상점을 운영하는 경우가 많습니다. 그런데 이 경우 학습자는 자신이 받은 물리적 보상의 화폐가치를 머릿속에 쉽게 떠올리고, 자신이 학습에 투자한 노력과 성과를 그 화폐가치와 견주어보게 됩니다. 그리고는 이런 생각을 합니다.

> **"내가 그 오랜 시간을 투자해서 공부했는데,**
> **회사에서는 커피 쿠폰 3개를 주는구나."**

보상을 물건으로 주는 방법이 반드시 나쁘다는 의미는 아닙니다. 다만 보상을 물건으로 주는 경우에는 더 많은 고민을 해야 합니다. 학습자가 받는 물건에 깊은 의미가 담겨 있어야 합니다. 예를 들어 저는 외부에서 핵심가치를 주제로 워크숍을 진행할 경우, 학습 성과가 높은 학습자에게 제가 만든 핵심가치 보드게임을 선물해줍니다. 선물을 하면서 그 보드게임에 담긴 의미를 설명하고, 상자 겉면에 제 서명을 해드립니다. 물론 시중에서 몇 만원에 쉽게 구매 가능한 제품이지만, 본인이 참여한 교육 과정의 주제와 연결이 되고, 그 게임의 창작자가 직접 설명하며 건네주는 선물이라는 면에서 학습자는 더 깊은 의미를 부여합니다.

스타크래프트, 오버워치 등을 개발한 유명 게임회사인 블리자드의 사례를 잠시 살펴보겠습니다. 블리자드는 1996년부터 아주 독특한 근속 기념식을 직원들에게 열어주고 있습니다. 일 년에 몇 차례씩, 전 세계의 블리자드 직원들이 한 데 모여 친구와 동료의 5년, 10년, 15년 근속을 축하하는 자리를 마련하고, 해당 직원들은 근속 연수에 따라 기념품을 받습니다. 5년 차 직원에게는 검, 10년 차 직원에게는 방패, 15년 차 직원에게는 반지, 20년 차 직원에게는 투구를 수여합니다. 25주년 선물은 아직 공개되지 않았습니다.

또한 각 년차 마다 직원에게 부여하는 기념품의 디자인은 매년 다릅니다. 예를 들어 작년에 5년 근속한 직원들이 받은 검과 올해 5년 근

속한 직원들이 받은 검의 디자인이 서로 다릅니다. 그리고 이들이 받은 검, 방패 등을 갤러리로 만들어서 공개하고 있습니다. 블리자드 직원이 아니어도 이런 검, 방패를 외부의 소품 제작 업체에 의뢰해서 비용을 지불하고 가질 수는 있습니다. 즉, 블리자드 직원들이 받는 검, 방패 등은 일정액의 화폐가치로 치환이 되기는 합니다. 그렇지만 블리자드 직원들은 자신이 받은 이런 보상품을 화폐가치로 치환하여 생각하지 않는다고 합니다. 여러 직원들이 모인 자리에서 회사의 가치와 철학이 담긴 유니크한 보상품을 받으며 엄청 큰 만족감, 행복을 느낍니다. 정말 잘 설계된 보상의 예입니다.

◆ 권한을 주는 보상

앞의 예에서 'Lv.1 궁극의 힌트'는 권한에 해당합니다. 'Lv.2 은밀한 초대'도 그렇습니다. 'Lv.3 개인 컨설팅'의 경우도 마법카드 없이 제게 개인적 컨설팅을 요청할 수 있으나, 그렇게 비용을 지불하는 경우보다는 좀 더 특별하게 인식하는 경우가 많습니다.

이런 종류의 권한은 학습자의 성취를 유니크한 방법으로 축하해주는 수단이 됩니다. 이런 유니크한 보상을 만들기가 그리 쉽지는 않습니다. 저는 기업들과 프로젝트를 진행할 때 HRD담당자들에게 다음 그림과 같은 블랭크 마법카드를 나눠주고, 칸을 채워보라고 합니다.

이런 작업을 부탁드리면, HRD담당자, 강사분들이 몹시 힘들어하

카드이름	카드이름	카드이름
혜택/효력	혜택/효력	혜택/효력

십니다. 자신이 나눠줄 권한이 별로 없으며, 학습자가 무엇을 원하는지 잘 모르겠다고 하십니다. 그래도 저는 좀 더 고민해보라고 부탁을 드립니다. 고민하는 과정에서 자신의 업무, 자신이 기획하고 운영하는 교육 과정, 자신이 만나는 학습자들을 더 깊게 이해하게 되기 때문입니다.

> "교육장에 들어오시는 분들이 여름이 되면 에어컨 켜주세요,
> 꺼주세요 이렇게 서로 다른 요청을 하는 경우가 흔하지 않나요?
> 마법카드에 한 시간 동안 에어컨 리모컨을 마음대로 사용하는
> 권한을 넣어보면 어떨까요?"

이런 말씀을 드리면, 폭소와 함께 고개를 끄덕이십니다. 권한이라는 단어를 무겁게 보실 필요는 없습니다. 짧게는 몇 시간, 길게는 며칠 동안 이어지는 학습, 그리고 교육장에 오기 전후의 시간까지 학습자들의

모습과 동선을 머릿속에 떠올리고, 각 장면에서 그들이 어떤 생각, 고민을 가질지 생각하다 보면 좋은 아이디어를 낼 수 있습니다.

마법카드를 HRD담당자, 강사가 모두 설계하지 않아도 좋습니다. 처음에는 몇 종류의 카드를 먼저 만들어서 사용해보고, 학습자들이 이러한 규칙에 익숙해지면 학습자들의 의견을 반영해서 마법카드의 종류를 추가하면 좋습니다. 학습자들이 직접 마법카드를 만들도록 하는 방법입니다. 이러한 과정을 통해 HRD담당자, 강사는 학습자들의 생각, 요구 사항을 좀 더 깊게 알게 됩니다.

흥미는 이제 안녕:
보상 없으면 안 할래요!

5

가게 앞에 아이들이 와서 흙장난을 하며 놀고 있습니다. 가게 앞은 아이들 목소리로 시끄럽고, 가게 문과 유리창은 아이들이 튀긴 흙으로 지저분해집니다. 가게 주인은 아이들에게 다른 곳으로 가라고 하지만, 아이들은 말을 듣지 않고 며칠째 가게 앞으로 놀러 옵니다. 가게 주인은 며칠 뒤 사탕을 들고나가서, 가게 앞 아이들에게 나눠줍니다. 오늘부터는 가게 앞에서 흙장난을 할 때마다 사탕을 준다고 합니다. 아이들은 몹시 좋아합니다. 그렇게 일주일 정도 매일 아이들에게 사탕을 나눠줍니다. 일주일이 지난 뒤부터 가게 주인은 아이들에게 더이상 사탕을 나눠주지 않습니다. 아이들은 가게 안으로 들어와 주인에게 사탕을 달라고 조르지만, 주인은 앞으로는 사탕을 안 준다고 단호하게 말합니다. 아이들은 이제 그 가게 앞으로 놀러 오지 않습니다. 사탕을 주지 않으니, 그 가게 앞에서 놀 이유가 없다고 생각합니다.

이 이야기는 사람이 가진 내재적 동기흥미, 재미 등 가 외재적 동기물질적, 가시적 보상 등 에 의해 망가진 상황을 잘 보여주고 있습니다. 이와 같은 현상을 과정당화 효과Overjustification Effect 라고 부릅니다. 과정당화 효과가 발생하면, 사람은 본인이 갖고 있던 내재적 동기를 잊고 외재적 동기에 의해 움직이게 됩니다. 내재적 동기의 대상이었던 것이 외재적 동기로 이동한 셈입니다. 앞의 이야기를 놓고 보면, 재미있던 가게 앞 흙장난이 사탕을 얻기 위한 노동으로 바뀐 상황입니다. 한번 약화된 내재적 동기는 쉽게 회복되지 않습니다. 또한 외재적 동기는 시간이 흐름에 따라 점점 그 규모가 커져야 효과가 유지되는 경향이 있습니다. 과정당화 효과를 예방하기 위해 두 가지를 기억해주시기 바랍니다.

◆ 앞서 말씀드린 마법카드와 같이 화폐가치로 쉽게 치환되지 않는 보상을 주세요. 권한에 가까운 보상을 주세요.

◆ 게이미피케이션 콘텐츠의 초점, 학습자들의 초점이 보상이 되어서는 안 됩니다. 초점은 콘텐츠를 경험하는 과정에서 느끼는 다양한 재미와 학습에 담긴 의미여야 합니다. 보상은 콘텐츠의 경험 과정을 마무리하고, 작게 축하해주는 역할로 제한되어야 합니다.

Franka Potente
says

당신이 줄 수 있는 최고의 선물은
그를 위해 당신의 시간을 쓰는 것이다.

잔혹한 리더보드: 나는 승자를 위한 들러리일 뿐인가요?

6

모 기업을 컨설팅한 경험을 잠시 나누겠습니다. 그 기업에는 수만 명의 구성원이 있었습니다. 그 기업은 구성원들을 위한 온라인 학습 플랫폼을 운영하고 있었으며, 학습자 동기 부여를 위해 다양한 학습 행동에 대해 온라인상에서 포인트를 부여하고, 그 포인트를 누적해서 자신의 레벨을 올리는 구조로 설계되어 있었습니다. 고객사로부터 받은 몇 개의 테스트 계정으로 플랫폼에 들어가 본 후 저는 깜짝 놀랐습니다. 학습자구성원들의 개인 등수, 비율이 전부 공개되고 있었습니다. 개인별로 다음과 같은 수치를 텍스트와 그래프로 공개하며, 다른 학습자의 아이디를 클릭하면 그 학습자의 정보도 그대로 조회되었습니다.

김산공: 'Level-100, 상위 1%'

박인지: 'Level-50, 상위 30%'

양다은: 'Level-30, 상위 60%'

김민지: 'Level-5, 상위 98%'

그 기업의 HRD담당자는 이런 고민을 얘기했습니다.

"어느 순간부터 학습자들이 온라인 플랫폼 사용을 잘 안 하네요.

일부 열성 유저는 사용량이 유지되거나, 증가하는데,

대부분의 유저는 사용량이 지속적으로 감소하고 있어요.

왜 그럴까요?"

그 플랫폼에는 여러 문제점이 있었으나, 가장 큰 문제점은 앞서 예시한 리더보드였습니다. 그 리더보드는 소수의 우승자를 위해 다수의 학습자를 패배자로 보여주는 구조였습니다. 플랫폼 내에서 최고 레벨은 100으로 고정되어 있었고, 이미 100레벨을 달성한 사용자들은 지속적으로 포인트를 누적하며, 자신의 비율을 상위 1% 이내로 유지하고 있으나, 플랫폼 초반에 활발한 참여를 하지 못했던 대부분의 학습자는 이미 하위 등급, 꼴등에 가까운 자신의 위치에 실망하여 플랫폼 사용을 꺼리고 있었습니다. 이런 사실은 여러 구성원을 대상으로 한 설문조사에서 그대로 나타났습니다.

◆◆◆

"그러면 레벨을 모두 초기화하고, 처음부터 다시 시작해야 할까요?"

HRD담당자는 제게 이런 질문을 던졌으나, 이는 좋은 해결책이 아닙니다. 레벨을 모두 초기화할 경우, 레벨이 높은 학습자들은 엄청난 상실감을 느낍니다. 또한 플랫폼에서 제공하는 포인트, 레벨이 결국 주기적으로 초기화되리라는 예측을 구성원들이 하게 되어서, 그 가치를 느끼지 못합니다. 제가 제안한 방법 중 일부는 다음과 같았습니다.

◆ 최고 레벨을 100으로 제한하지 말고, 200으로 높여주세요. 그리고 상위 레벨로 올라가기에 필요한 누적 포인트 필요량을 레벨이 높을수록 더 높게 설정하세요. 그렇게 하면, 현재 최고 레벨의 학습자들도 더 자극을 받을 겁니다.

◆ 하나의 리더보드에서 전체 등수를 다 보여주는 방식, 등수를 모두에게 다 보여주는 방식은 쓰시면 안 됩니다. 학습자 각자가 처한 상황에 따라 개인별로 조금의 성취감과 조금의 도전의식을 동시에 느끼도록 리더보드를 다변화해야 합니다. 예를 들어 이번 달에 입사한 직원은 온라인 플랫폼에서 전체 등수를 보면 당연히 꼴등입니다. 그런 정보는 개인에게 별 도움이 안 됩니다. 입사 동기, 담당 직무, 근무 지역 등의 다양한 뷰 View 를 기준으로 리더보드를 나누고, 그 리더보드 상에서 자신이 조금은 성취하고 있으나, 더 잘해보고 싶다는 기분이 들도록 자신의 위치를 보여줘야 합니다.

게이미피케이션 콘텐츠에서는 학습자 한 명 한 명이 모두 주인공이 되어야 합니다. 그 누구도 다른 학습자의 성공을 위한 들러리, 다른 학습자를 빛내주기 위한 어둠이 되어서는 안 됩니다. 우리 조직이 갖고 있는 온라인 플랫폼의 리더보드, 오프라인 교육 콘텐츠의 리더보드에 혹시 그런 면이 있는지 차분히 돌아봐주시면 좋겠습니다.

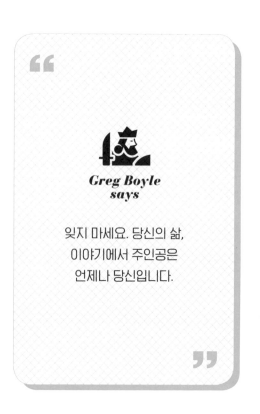

> **Greg Boyle says**
>
> 잊지 마세요. 당신의 삶,
> 이야기에서 주인공은
> 언제나 당신입니다.

멍청한 스마트폰: 플레이만 시작하면 먹통이 되는 이유가?

게이미피케이션에 다양한 소프트웨어, 앱을 활용하면 여러 가지 장점이 있습니다. 첫째, 무료 공개 도구를 활용하지 못하는 경우 개발 과정에서 비용_{고정비} 이 발생하지만, 운영 과정의 비용_{변동비} 을 크게 낮추는 효과가 있습니다. 보조강사, 다양한 물리적 도구의 역할을 소프트웨어가 대신하기 때문입니다. 게이미피케이션 플랫폼, 앱 개발에 소요되는 비용을 물어보시는 경우가 많은데, 구현하려는 기능과 성능에 따라 개발 비용은 큰 폭으로 바뀝니다. 대략적으로 말씀드리면 한 종의 앱 또는 가벼운 소프트웨어를 개발하는 데 적게는 5천만 원 많게는 수억 원 이상의 비용이 든다고 보시면 됩니다.

둘째, 교육 과정에서 학습자들의 선택, 다양한 상호작용에 관한 데

이터를 취합하고 분석할 수 있습니다. 이를 교육 과정 중의 디브리핑에 활용하거나, 다른 교육 과정 개발에 활용하게 됩니다.

셋째, 물리적 도구, 컴포넌트만으로 구현하기 어려운 좀 더 다양한 규칙을 소프트웨어적으로 구현할 수 있습니다. 예를 들어 넓은 연수원 공간에서 수많은 학습자들이 이동하며 참여하는 빅게임 Big Game * 을 운영할 경우, 소프트웨어를 사용하면 개별 학습자의 위치, 성취도 등을 고려하여 개인화된 학습 미션을 실시간으로 부여할 수 있습니다. 소프트웨어를 쓰지 않을 경우 이러한 기능을 구현하려면, 꽤 많은 보조 강사를 투입해야 합니다.

그러나 분명한 단점도 있습니다. 소프트웨어, 앱이 정상적으로 작동하지 않을 경우 교육 과정 전체가 마비될 수 있습니다. 하루 종일 진땀을 흘렸던 제 경험을 말씀드리겠습니다. 300여 명 학습자의 상호 이해 수준을 높여주는 콘텐츠를 소프트웨어로 진행하고 있었습니다. 넓은 공간을 학습자들이 자유롭게 돌아다니다가 서로 마주치면, 앱을 활용해 상대방의 기본 정보를 습득하며 대화를 나눈 후 서로에게 긍정 피드백을 남겨주는 방식이었습니다. 신비로움을 주기 위해 서로가 남긴 피드백은 게임을 종료한 후에 앱을 통해 확인이 가능하며, 피드백

---

* 큰 교육장, 건물의 여러 공간, 야외 등 넓은 공간을 움직이며 플레이하는 게임을 빅게임이라고 칭합니다.

을 남긴 사람은 익명으로 처리했습니다. 사전에 개발된 앱을 학습자들이 현장에서 설치하고, 바로 플레이를 진행하는 계획이었습니다. 그런데 첫 단계부터 문제가 발생했습니다. 300여 명 중 네댓 명의 스마트폰에 앱이 설치되지 않았습니다. 스마트폰 기종이 워낙 다양하다 보니 개발 단계에서 나타나지 않았던 문제가 발생한 겁니다. 운영진이 미리 준비한 여분의 태블릿을 나눠줘서 이 문제는 해결했으나, 그다음에 더 큰 문제가 터졌습니다. 일부 학습자의 앱에서 상대방에게 피드백을 남기는 기능이 정상으로 작동되지 않았습니다. 이 문제는 학습자에게 포스트잇을 나눠주고, 피드백 기능이 작동하지 않을 경우 손글씨로 긍정 피드백을 적어서 상대의 등에 붙여주는 식으로 넘겼습니다. 다행히도 참석자들의 큰 불평 없이 교육을 마무리했으나, 지금도 그때만 생각하면 식은땀이 납니다.

소프트웨어나 앱을 쓸 경우, 기능에 문제가 있을 때 어떤 식으로 운영을 할지 미리 플랜B를 준비하셔야 합니다. 참고로 말씀드리면, 네트워크 기능을 거의 사용하지 않고, 학습자 간 상호작용이 없는 앱의 경우 안정성은 훨씬 높은 편입니다. 빅게임 운영을 위해 앱을 개발했던 국외 사례 중 처음부터 네트워크 기능을 사용하지 않게 설계하고, 용량과 성능이 부족한 구형 기기에서도 작동이 잘 되도록 텍스트로만 UI를 구현한 경우가 있습니다.

Omar Ahmad
says

우리는 디지털 세상에서 살고 있다.
그러나 우리 자체는
아날로그적 생명체이다.

혼자서 디브리핑: 그 게임을 왜 했나요?

8

교육용 게이미피케이션 콘텐츠는 일반 게임, 보드게임과 명확하게 다른 목적성을 갖고 있습니다. 일반 게임, 보드게임의 주된 목적은 재미와 휴식이지만, 교육용 게이미피케이션 콘텐츠의 주된 목적은 학습 성과의 달성입니다. 따라서 게이미피케이션 콘텐츠를 플레이한 후 학습자들이 교육 목적을 명확하게 인식하고, 교육 내용을 깊게 성찰하도록 디브리핑 절차를 체계적으로 구성해서 진행해야 합니다. 예를 들어 교육 목적상 학습자들이 실패, 분열, 분노 등 부정적 상황으로 게임을 마무리하도록 설계된 콘텐츠가 있습니다. 이럴 경우 학습자가 경험한 부정적 상황이 왜 발생했고, 그런 결과에 어떤 의미가 담겨 있으며, 부정적 결과를 예방하기 위해 조직과 개인에게 어떤 변화가 필요한가를 성찰하는 기회를 줘야 합니다. 성찰을 하는 데 도움이 되는 이론과 사례를 제공하면 더욱더 좋습니다.

◆ ◆ ◆

제가 개발한 콘텐츠 중 유니콘게임이 있습니다. 성인 학습자를 대상으로 하는 기업가정신 게임입니다. 유니콘게임은 총 10개의 세부 게임으로 구성되는데, 그중 하나가 슬픈 청바지 Gloomy Jean 게임입니다. 슬픈 청바지 게임에서 학습자들은 대기업, 하청기업, 비정규직 노동자의 역할을 맡습니다. 각자의 역할에 따라 움직이며 산업의 흐름을 시뮬레이션하게 됩니다. 게임의 결과는 그리 유쾌하지 않습니다. 하청기업과 비정규직 노동자가 고통을 받으며 게임을 마칩니다. 게임이 끝나면 불공정거래와 관련된 통계를 보여준 후 학습자들이 다음의 주제를 놓고 토론하고, 자료를 찾아보도록 합니다. 팀별 작업이 끝난 후에는 전체적으로 의견을 나누고, 관련 제도의 현황을 설명합니다.

팀 번호		팀 번호
역할별로 점수가 높은/낮은 원인은 무엇인가요?	O패션	
	O섬유	
	노동자	
각자의 역할이 실제 세상의 경제구조와 어떤 면이 비슷하거나, 다른지 이야기 합니다.	O패션	
	O섬유	
	노동자	
불균형을 개선하기 위해서 사회적으로 어떤 장치, 제도, 역할이 필요할까요?		
위에서 얘기한 장치, 제도, 역할과 유사한 것이 실제 존재하는지 찾아서 적어봅시다.		

만약 이런 디브리핑 단계가 없다면 학습자들은 슬픈 청바지 게임을 플레이한 후 그저 찝찝한 기분, 분노만 느낄 뿐 이런 현상이 왜 발생하고, 어떻게 문제를 해결할지 깊게 고민하지는 못합니다. 모든 게이미피케이션 콘텐츠에 디브리핑이 필요하지는 않겠으나, 열에 아홉의 경우 디브리핑은 매우 중요한 역할을 합니다.

기존의 주입식 강의는 다음 그림 하단의 왼쪽 또는 오른쪽 상태입니다. 게이미피케이션을 적용하는 우리의 지향점은 그림의 오른쪽 상단입니다. 자칫 왼쪽 상단이 되지 않도록 주의해야 합니다. '오늘 교육, 참 재미있었습니다.'라는 학습자의 말에 취하면 안 됩니다.

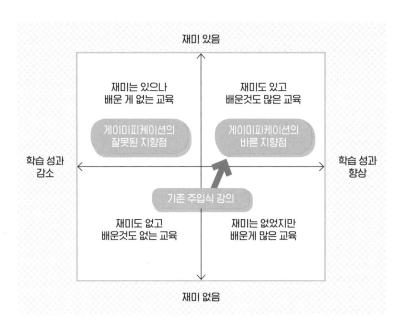

"체스와 달리 인생의 게임은
체크메이트* 후에도 계속된다."
Isaac Asimov

"나는 제자들을 가르쳐본 적이 없다.
단지 그들이 배울 수 있는 환경을
만들고자 노력했을 뿐이다."
Albert Einstein

* 체스에서 외통수에 걸려서 완전히 패배하게 된 상황을 뜻합니다.

의미에 재미를 더하는
게이미피케이션 실전 기법

PART
04

지식 & 정보

1 재미없는 책을 살인사건의 단서로 둔갑시키는 규칙

방탈출 카페는 일본에서 시작하여 세계 전역에서 유행하고 있는 오프라인 게임 콘텐츠입니다. 다음 그림과 같이 물리적 공간에 놓인 여러 단서를 활용하여 퍼즐과 잠금장치를 풀어가는 게임입니다. 방탈출 카페에 흔하게 적용되는 테마는 특별한 역사적 순간, 공포, 학교, 판타지, 과학, 미스테리, 살인사건 등입니다.

살인사건의 범인을 잡아내는 미션을 통해 여러 책에 담긴 정보를 찾아보고, 책의 전반적 구성을 훑어보게 유도하는 콘텐츠를 소개하겠습니다. 이 콘텐츠의 명칭은 '누가 사서를 죽였는가?'입니다.

'누가 사서를 죽였는가?'는 게이미피케이션 설계 기법, 교수법 워크

숍을 진행할 때 사용하기 위해 제가 창작한 콘텐츠입니다. 전체 규칙이 단순하고 직관적이어서, 게임이나 게이미피케이션 경험이 거의 없는 학습자까지 플레이에 쉽게 빠져듭니다. 플레이 규칙을 설명하는 데채 5분이 걸리지 않습니다. 매뉴얼을 만들어서 나눠드릴 필요도 없습니다. '누가 사서를 죽였는가?'를 주변 분들과 플레이하시거나, 규칙을 활용하여 여러분만의 '누가 사서를 죽였는가?'를 만들기 바랍니다.

◆ 어떻게 플레이하면 되나요?

학습자를 8~10개 정도의 팀으로 나눕니다. 예를 들어 학습자가 50명이라면, 5인을 한 팀으로 총 10개 팀을 구성합니다. 다음 그림을 스크린에 보여주며 플레이를 시작합니다.

그다음에는 다음과 같이 스토리를 보여줍니다. 이 콘텐츠에서 학습

자들은 도서관에서 발생한 살인사건의 범인을 찾는 탐정이 됩니다. 스토리를 더 길게 만들면 좋지 않을까 생각하실 수 있는데, 사건 설정을 좀 더 상세하게 해도 학습자들의 몰입도에 큰 차이는 없습니다.

이 콘텐츠는 9권의 책, 10개의 단서 카드, 1장의 살인사건 시체이미

지 현수막으로 구성됩니다. 제가 이 게임을 플레이할 때 사용한 책은 모두 제가 저술한 서적입니다. '누가 사서를 죽였는가?'를 주변 분들과 직접 플레이해보시려면, 도서관에서 책을 빌리시거나 별도로 준비하셔야 합니다. 필요한 책은 다음과 같습니다.

◆ 기억거래소 알렙 발간 x 2권

◆ 대학생활 고민상담 매뉴얼 홍릉과학출판사 발간 x 2권

◆ 공학과 경영, 기술혁신을 꿈꾸는 공학도를 위한 안내서 한빛아카데미 발간 x 1권

◆ Gamification in Learning & Education Springer 발간 x 2권

◆ 교육, 게임처럼 즐겨라 홍릉과학출판사 발간 x 2권

게임의 규칙을 충분히 이해했다면, 독자분들은 각자의 교육 목적에 맞는 책이나 자료를 사용하면 됩니다. 물론 그에 따라 단서 카드의 내용을 변경하셔야 합니다. 10개의 단서 카드는 살인사건 용의자를 좁혀나갈 수 있는 서로 다른 단서를 담고 있습니다. 각 단서 카드에 담긴 정보를 바탕으로 특정 책의 내용을 찾아보면, 범인에 관한 정보를 얻게 됩니다. 단서 카드는 엽서 정도의 크기이며, 단서는 앞면에만 제시합니다.

각 단서 카드의 내용은 다음과 같습니다.

　예를 들어 단서 카드 1번은 '기억 거래소', 10번은 '교육 게임처럼 즐겨라'라는 책을 찾아보면, 범인에 관한 정보를 찾을 수 있습니다. 단서 카드 5번에 있는 QR코드를 스마트폰으로 스캔하여 접속하면, 김경식 반장의 수사정보시스템에 접속됩니다. 실제 접속이 가능한 QR코드이니 독자분이 직접 QR코드를 찍어서 접속해보기 바랍니다.

　플레이 시작 전에 다음 사진과 같이 시체이미지 현수막을 바닥에 깝니다. 단서 카드 5번QR코드 을 제외한 9개의 단서 카드는 9권의 책에 각각 한 장씩 랜덤으로 꽂아둡니다. 예를 들어 단서 카드 1번을 '교육,

게임처럼 즐겨라' 책에 꽂아두고, 단서 카드 3번을 '공학과 경영'책에 꽂아두는 식으로 단서 카드와 책을 임의로 섞습니다. 이렇게 10개의 단서를 준비하여, 시체이미지 현수막 주변에 적절히 배치합니다.

사진과 같이 폴리스라인 테이프를 주변에 붙여두면 더 흥미롭습니다. 폴리스라인 테이프는 인터넷 쇼핑몰에서 쉽게 구매 가능합니다.

각 팀별로 단서를 하나씩 가져가게 합니다. 모든 팀이 가져가면 각 팀별로 수사를 시작합니다.

수사를 시작하면 용의자 15명의 신상정보를 그림과 같이 스크린에 올려줍니다. 일정 시간보통 30분 정도를 주면 적당함 이 경과한 후에 각 팀별로 한 명의 범인을 정하여 포스트잇에 은밀히 적어서 제출해야 한다고 공지합니다.

각 팀은 먼저 자신이 보유한 단서 카드와 책을 갖고 정보를 찾습니다. 그러나 그 정보만으로는 15명의 용의자 중에서 한 명의 범인을 특정하지 못합니다. 결국 다른 팀과 단서 카드, 책, 정보 등을 놓고 서로

용의자 신상 정보

리포터
미성동 5495번지
mail.com
니어 경력

이름: 박태성
나이: 53세
직업: J미디어 데스크
평판: 최고의 리더라는 평가
거주지: 봉담시 소양동 2544-1번지
이메일: ansony@jmedia.com
특이사항
뉴욕우주과학 연구소 근무경력
로이즈TSB은행 근무 경력

이름: 안지희
나이: 51세
직업: 프리랜서 언론인
평판: 기회주의자라는 평이 많음
거주지: 구담시 상미동 4999-1번지
이메일: fansoul@gmail.com
특이사항
은행원 출신

이름: Judy Parker
나이: 53세
직업: 정당대변인
평판: 평판이 매우 좋음
거주지: 성읍시 청국동 4999-1번지
이메일: polianso@gmail.com
특이사항
종군기자 경력

이름: 김석동
나이: 58세
직업: 은행원
평판: 평판이 매우 좋음
거주지: 확인 중
이메일: iamkiller@gmail.com
특이사항
종군기자 경력
스타트업 경영자 출신

보도국
상사
마봉동 2544-1번지
@mediatoday.com
력

이름: Jane Parker
나이: 54세
직업: Singapore Daily News 기자
평판: 이상적 리더라고 함
거주지: 국내 주소 미확인
이메일: janeso@sdn.com
특이사항
정치인 출신
지댄스 근무 경력

이름: Leslie Porter
나이: 58세
직업: J1 Security 수석책임자
평판: 업무 중심형 리더라는 평가
거주지: 4999 Victoria St., London
이메일: onso@j1security.com
특이사항
대학시절 해커로 활동
옥스바겐, 메리어트호텔 등 근무 경력

이름: Donald Porter
나이: 53세
직업: Ace Security 부대표
평판: 이상적 리더라는 평판
거주지: 5495 South St., BB
이메일: fansory@acesecurity.com
특이사항
대학시절 대형은행 해킹 경력

이름: 안상미
나이: 58세
직업: 방송사 CG팀장
평판: 이상적 리더
거주지: JK호텔 4999호
이메일: liveme@hansomail.com
특이사항
옥스바겐 디자이너 출신

도국장
리자라고 평가됨
한신동 4999-1번지
@k1news.com
군복부 경력
근무 경력

이름: 표세희
나이: 54세
직업: 낚시뉴스 편집국장
평판: 평판이 좋음
거주지: 태성시 마라동 4999-1번지
이메일: linfi@fishingnews.com
특이사항
스타트업 경영자 출신

이름: 표미연
나이: 54세
직업: YPN 뉴스 편집국장
평판: 확인 중
거주지: 성읍시 미성동 4999-1번지
이메일: fanso85@ypnnews.com
특이사항
대학시절 해커로 활동
은행원 출신

이름: 김안수지
나이: 53세
직업: 언론인, 정당인
평판: 현재 평판은 무난함
거주지: 확인 중
이메일: freefly@sanso.com
특이사항
금감원 근무 중 퇴사조치 당함
30억원 이상을 보유한 자산가

이름: 박지연
나이: 51세
직업: 프리랜서 언론인
평판: 평판이 매우 좋음
거주지: 성읍시 태봉동 2544-1번지
이메일: nansolo@gmail.com
특이사항
제약회사 연구원 출신

협력하며 경쟁하게 됩니다.

범인이 누구인지 맞히는 참가자가 승리하는 규칙입니다. 여러 팀 간의 협력을 위주로 플레이를 진행하려면 이 조건만 제시하면 됩니다. 이 조건하에서는 우리 팀만 범인을 잡건, 다른 팀도 범인을 잡건 큰 차이가 없어서 좀 더 활발하게 협력이 발생합니다.

경쟁성을 높이려면, 한 가지 조건을 추가합니다. 범인을 찾아낸 팀의 수가 적을수록 정답을 맞힌 팀들에게 더 높은 보상을 준다고 공지합니다. 이러면 각 팀들은 다른 팀들과 단서 카드와 책을 공유하지만 자신이 찾은 결정적 정보는 나누려고 하지 않습니다.

보상을 준다고 해서 상품권을 나눠준다는 의미는 아닙니다. 탐정 포인트가 100점인데, 맞춘 팀의 수로 100점을 나눠서 준다고 해도 됩니다. 예를 들어 한 팀만 맞히면 그 팀만 100점을 획득하고, 4개 팀이 맞히면 4개 팀 각각이 25점을 획득합니다. 이런 규칙을 사용하면 다른 팀과 협력을 하되, 상대적으로 우리 팀이 더 우위를 점하고자 전략적으로 움직이게 됩니다.

◆ 학습자들은 이 콘텐츠에 왜 몰입할까요?
이 콘텐츠는 본질적으로는 9개의 책을 놓고 10개의 문제를 푸는 게임입니다. 즉, 10개의 문제에 관한 답을 찾기 위해 9권의 책을 뒤지는 게임입니다. 이렇게만 보면 시험과 비슷하지 않나요? 학습자에게 처음 보는 책 9권과 10개의 문제가 적힌 시험지를 준다고 상상해봅시다. 별로 유쾌한 반응은 아닐 듯합니다.

그런데 신기하게도 '누가 사서를 죽였는가?'를 학습자들은 정말 재미있게 몰입하여 플레이합니다. 10개의 문제를 풀어야 하는 목표를 명확하게, 더욱이 흥미롭게 제공했기 때문입니다. 시험지에 적힌 10개의 문제는 만점을 받아야 하는 목표와 그에 따른 부담감을 학습자에게 줄 뿐이지만, 이 콘텐츠는 살인 사건의 범인을 찾기 위해 10개의 단서를 풀어야 한다는 목표와 그에 따른 수사과정의 재미를 학습자에게 줍니다.

◆ 어떤 경우에 활용하면 좋을까요?

여러 용도에 적용이 가능하지만, 저는 한 가지 케이스를 말씀드리겠습니다. 여러분이 200명의 신규 입사자를 대상으로 회사의 연혁, 미션/비전 선언문, 규정집 등을 교육해야 한다고 가정합시다. 보통의 경우 텍스트와 이미지가 담긴 슬라이드를 활용해서 관련 내용을 설명하는 식으로 교육을 진행합니다. 이 경우 매우 드라마틱한 내러티브나 영상 효과를 쓰지 않는 한 그 내용이 그리 재미있지는 않습니다.

회사의 연혁, 미션/비전 선언문, 규정집 등을 '누가 사서를 죽였는가?'에서 살인사건의 정보를 담고 있는 책으로 삼으면 됩니다. 강사가 회사의 연혁, 미션/비전 선언문, 규정집 등을 설명하는 식이 아니라 학습자가 단서를 풀기 위해 이런 자료들을 세세하게 살펴보도록 유도하면 됩니다.

학습자들이 좀 더 상세하게 자료를 찾도록 유도하려면 하나의 단서 카드가 두세 개의 자료와 연결되게 하거나, 반대로 두세 개의 단서 카드가 하나의 자료와 연결되게 하면 좋습니다. 연수원에서 진행한다면 연수원 공간에 있는 다양한 정보와 사물까지 활용할 수 있습니다. 예를 들어 특정 공간에 걸린 액자를 단서로 구성하면 됩니다. 게임을 진행하는 강사가 여러 명이라면 강사 중 일부가 NPC* 역할을 맡아도 좋습니다. 도망가는 살인자를 본 목격자, 현장을 최초로 발견한 신고자의 역할을 하는 식입니다. 게임적 재미를 더 높이려면 NPC가 총 5개의 정보를 주는데 그중 하나는 거짓으로 해도 좋습니다. 물론, 이 경우 5개 정보 중 하나는 거짓임을 참가자들에게 알려줘야 합니다.

---

* Non-Player Character, 플레이어가 직접 조정하지 않는 게임 속 배경이 되는 등장인물을 의미합니다.

**Agatha Christie
says**

아무리 추악한 진실이라도,
그 진실을 찾는 이들에게는
흥미롭고 아름답게 느껴진다.

2 방탈출 게임으로 정보를 찾아보는 규칙

소프트웨어를 활용하여 방탈출 게임 느낌의 교육 프로그램을 구성한 사례를 살펴보겠습니다. 이 콘텐츠의 명칭은 '탐정, 금융 사기범을 잡아라!'입니다. 이리저리 지역을 옮겨 다니며 도망 중인 금융 사기범을 추적해서, 금융 사기범을 검거하고 보물을 확보하는 게임입니다. 금융 관련 상식을 교육하기 위한 콘텐츠입니다[**].

◆ 어떻게 플레이하면 되나요?

'탐정, 금융 사기범을 잡아라!'는 Breakoutedu.com 플랫폼, 잠금장치 걸쇠가 달린 작은 상자, 비밀코드로 열리는 자물쇠, 출력물 몇 개로 구성됩니다. 먼저, Breakoutedu.com 플랫폼부터 설명하겠습니다.

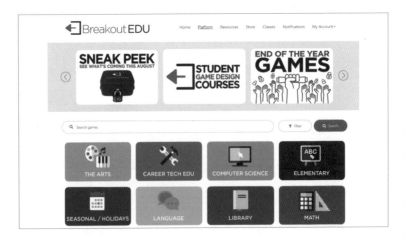

[**] 이 콘텐츠는 (사)청소년금융교육협의회의 교육 자료에서 제시한 금융 상식을 토대로 개발되었습니다. 실제 금융 상식 교육에 활용하고 있습니다.

이 플랫폼은 방탈출 게임을 만들기 위한 다양한 온라인 잠금장치를 제공합니다. 온라인에서 단서를 보고, 온라인 잠금장치를 푸는 기능이 있습니다. 온라인 잠금장치는 다음 그림과 같이 단일 잠금장치 잠금장치가 하나인 것, 비선형 잠금장치 잠금장치를 푸는 순서를 플레이어가 임의로 정하는 것, 선형 잠금장치 잠금장치를 푸는 순서가 정해진 것 로 구성됩니다.

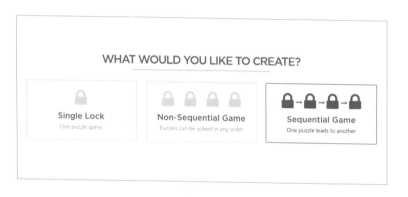

온라인 잠금장치에 입력하는 해제코드는 다음 그림과 같이 알파벳, 숫자, 방향, 도형, 색상이 적용 가능합니다. 알파벳, 숫자 해제코드는 말 그대로 해제코드가 영문자, 숫자로 구성됩니다. 방향은 좌, 우, 상, 하의 네 방향을 해제코드로 입력하는 잠금장치입니다. 도형은 세모, 동그라미, 네모, 마름모 등을 해제코드로 입력하는 잠금장치이며, 색상은 빨강, 파랑, 노랑, 회색 등을 해제코드로 입력하는 잠금장치입니다.

유료 플랫폼이지만 온라인 기능을 사용하는 데 소요되는 비용이 비

ABC

TEXT LOCK

123

NUMBER
LOCK

DIRECTIONAL
LOCK

SHAPE LOCK

COLOR LOCK

교적 저렴한 편입니다. '탐정, 금융 사기범을 잡아라!' 콘텐츠의 내용을 살펴보면, Breakoutedu.com 플랫폼의 기능을 이해하는 데 도움이 됩니다.

플레이를 시작하기 전에 학습자를 10개 정도의 팀으로 나눕니다. 예를 들어 학습자가 50명이라면, 5인을 한 팀으로 총 10개 팀을 구성하면 됩니다. 다음의 이미지를 A3크기 정도로 출력해서 교육장 벽면에 두세 개 붙여둡니다.

QR코드를 찍어서 Breakoutedu.com에 접속하면 플레이가 시작됩니다. 접속하면 각 팀은 스마트폰으로 다음 그림과 같은 화면을 보게 됩니다. 왼쪽 그림이 스마트폰 화면이고, 오른쪽 그림은 독자를 위해 화면 속 문제와 힌트를 확대한 그림입니다.

답을 찾을 수 있으신가요? 난이도가 좀 있는 편입니다. 'SBS 인기 AB'에서 AB는 '가요'이고, 'C국'에서 C는 '미'입니다. 즉, ABC는 '가요미'입니다. 가요미를 가지고 5만 원 화폐에 있는 위조 방지 기능의 앞글자를 찾아보면 됩니다. 화폐의 3번 위치가 '가'로확대형기호, 8번 위치가 '요'판잠상, 0번 위치가 '미'세문자입니다. 따라서 첫 단계의 해제 코드는 380입니다.

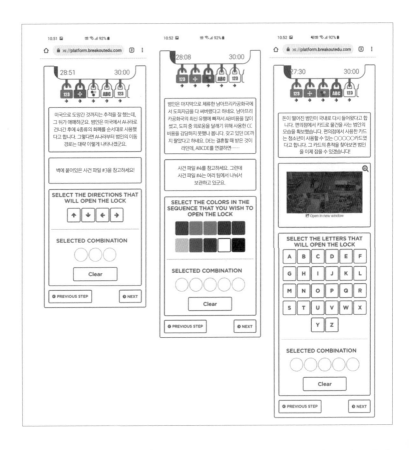

첫 단계 잠금장치를 해제하면, 앞의 그림과 같은 순서로 잠금장치와 그에 따른 문제, 힌트가 나타납니다.

앞 그림에서 왼쪽 첫 번째 문제인 방향으로 푸는 해제코드는 벽에 붙어있는 그림 사건 파일 #3, 세계 지도와 여러 나라의 화폐 그림 을 통해 유추하면 됩니다. 그 다음에 풀어야할 색상 해제코드를 풀기 위해 각 팀은 진행자로부터 물리적 단서 카드 사건 파일 #4 를 하나씩 받아 갑니다.

◆ ◆ ◆

각 팀이 받아가는 단서 카드에는 하나의 색상이 어떤 글자를 상징하는지 적혀있습니다. 사건 파일 #4에 담긴 단서는 다음의 그림과 같습니다.

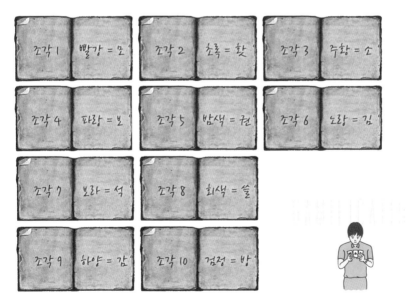

이번 단계의 해제코드를 찾기 위한 문제와 힌트는 스마트폰에 다음과 같이 나타납니다.

"범인은 마지막으로 체류한 남아프리카 공화국에서 도피자금을 다 써버렸다고 하네요. 남아프리카 공화국의 최신 유행에 빠져서 AB비용을 많이 썼고, 도피 중 외로움을 달래기 위해 사용한 CC비용을 감당하지 못했나 봅니다. 갖고 있던 DE까지 팔았다고 하네요. DE는 결혼할 때 받은 것이라던데. ABCDE를 연결하면……"

"사건 파일 #4를 참고하세요. 그런데 사건 파일 #4는 여러 팀에서 나눠서 보관하고 있군요."

이번 단계 문제에서 AB는 모방, C는 쏠, DE는 보석입니다. 따라서 ABCDE는 '모방쏠보석'이 됩니다. 이번 단계의 해제코드를 풀기 위해서 각 팀은 서로 협력을 해야 합니다. ABCDE인 '모방쏠보석'은 색상으로 치환하면 빨강, 검정, 회색, 파랑, 보라입니다. 이 순서대로 해제코드를 입력하면 다음 단계로 넘어갑니다.

이런 식으로 마지막 잠금장치까지 해제하면 다음 그림의 왼쪽과 같은 메시지가 나타납니다. 메시지를 통해 금고 상자의 해제코드를 유추하여, 앞으로 나가서 오른쪽 그림과 같이 직접 금고 상자를 열면 됩니다. 참고로 금고 상자를 열기 위한 해제코드는 'MONEY'입니다. 금고 상자 안에는 마법카드, 가벼운 간식 정도를 보상으로 넣어두면 적당합니다.

◆◆◆

탐정, 금융사기범을 잡아라!

created by 김상균 교수

범인을 잡았습니다! 범인의 은신처에는 비밀금고가 있습니다.

금고에 비밀코드(알파벳 5자리)를 입력하고, 물건을 확보하세요.

범인은 자신이 가장 좋아하는 것을 비밀코드로 설정했습니다. 그것을 가지려고 범죄를 저질렀다고 하네요.

(힌트: 알파벳 5개 중 첫글자는 M입니다.)

◆ 학습자들은 이 콘텐츠에 왜 몰입할까요?

'누가 사서를 죽였는가?'는 시작 단계에만 스토리가 있을 뿐 그 이후 과정은 단서를 통해 답을 찾는 과정으로 구성됩니다. 이와 달리 '탐정, 금융 사기범을 잡아라!'는 문제가 선형으로 등장하고, 문제를 풀때마다 스토리가 이어지는 구조를 갖고 있습니다. 또한 전체 스토리의 진행 경과를 상단에 보이는 남은 열쇠 이미지를 통해 제시하며, 제한 시간도 함께 보여줍니다. 스토리라인을 따라가는 재미, 남은 열쇠이미지가 보여주는 단계적 성취감, 제한 시간이 주는 긴장감이 이 콘텐츠의 핵심입니다.

◆ 어떤 경우에 활용하면 좋을까요?

온라인 방탈출 플랫폼과 물리적 잠금장치를 조합한 이런 콘텐츠는 학습자들이 인터넷에서 다양한 정보를 찾고, 서로 의견을 나누며, 상상력과 논리력을 동원해 문제를 해결하는 미션을 구성하는 데 효과적입니다.

'탐정, 금융 사기범을 잡아라!'의 기본 규칙과 스토리라인을 유지하되, 찾고 조합할 정보만 변형해도 좋습니다. 예를 들어 최근 여러 기업이 4차 산업혁명과 관련하여 인공지능, IoT, 로봇, 자율 주행 자동차 등과 같은 최신 기술에 관한 개괄적 지식을 직원들에게 전달하고자 합니다. 이런 내용을 주제로 문제 온라인 잠금장치 를 만들어놓고, 학습자들이 팀을 이뤄 4차 산업혁명과 관련된 정보를 인터넷에서 찾아보며 방탈출을 진행하게 구성하는 방법입니다. 물론, 이런 방탈출 게임만으로 깊이 있는 지식을 얻기는 어렵습니다. 이런 게임을 통해 학습자들이 주요 키워드와 개념을 접하고, 인터넷에서 이런 내용을 어떻게 다루고 있는가를 전반적으로 둘러보게 한 후 강의를 듣거나, 사례를 소개하는 영상을 시청하는 식으로 연결하면 좋습니다.

 혹시 이런 온라인 방탈출 플랫폼의 기능에는 만족하나 유료로 쓰시기 어려운 경우 또는 좀 더 다양한 답안을 학습자가 제출할 수 있게 하고 싶은 경우에는 구글 설문지 기능 모든 기능이 무료임 을 쓰셔도 좋습니다. 다음의 QR코드를 스캔해서 접속하시면, '황야의 신입사원'이라는 콘텐츠를 경험하실 수 있습니다.

◆◆◆

'황야의 신입사원'은 기술경영과 관련된 지식을 점검하는 온라인 게임형 테스트입니다. 모든 기능이 구글 설문지로 구성되어 있습니다. 구글 설문지를 가지고 Breakoutedu.com과 같이 도형, 방향, 색상 등의 특이한 잠금장치를 구현하지는 못하지만, 문자, 숫자, 문장 등을 잠금장치로 배치할 수 있습니다. 접속하면 첫 화면은 다음과 같습니다.

The ROOKIE in the WILDERNESS

＊ 필수항목

<장실장과의 만남>

"안녕하세요? 저는 글로벌헤드헌팅 기업인 **WANTED GLOBAL**의 장실장입니다. 이번 기술혁신 클래스에서 당신이 최고였다고 들었습니다. 실력이 어마무시하겠네요."

"아, 근데 당신의 이름이 뭐였더라……" *

내 답변

_____

다음

내용이 궁금하신 분은 첫 화면부터 하나씩 내용을 입력하면서, 스토리를 즐겨보시기 바랍니다.

Victoria Schwab
says

대부분의 사람들은 탈출을 꿈꾼다.
그들의 눈을 다른 곳으로 돌리고,
삶에서 벗어나게 하라.
스토리는 이를 실현하는
가장 쉬운 방법이다.

경청 & 소통

1 네 발표 안 듣는 나, 내 발표 안 듣는 너를 위한 규칙

저는 기업가정신을 주제로 여러 개의 게이미피케이션 콘텐츠를 개발했습니다. 제가 개발한 콘텐츠 중 10가지 기업가정신을 기업가정신의 발현 단계별로 묶은 게임이 '유니콘 게임 The Unicorn Game '입니다.

여기서는 유니콘 게임의 10개 세부 게임 중 피칭 & 펀딩 Pitching & Funding 게임을 공개합니다. 이 콘텐츠의 목표는 스타트업 경영자가 사업 계획서를 발표하고 투자를 받는 과정, 투자자가 사업 계획 내용을 비판적으로 생각해보고 투자하는 과정의 시뮬레이션입니다. 본 게임의 목적은 두 가지로 나눠집니다. 첫째, 사업 계획서를 발표하는 입장

기업가정신 발현 단계	기업가 정신	게임 콘텐츠
문제 발견 **애정의 대상** 성취의 대상	동료	The Beginning
	공정	international Trade +
	공유	Gloomy Jean
해결책 구현 **사회적X도전** 상업적x안정	소통	Library Company
	비전	Wise Goal
	모험	Risk Betting
가치 확산 **구성원의 행복** 투자자의 행복	경청	BMC Mentoring
	가치	Price Setting
	확산	Pitching & Funding
	배움	Talk Card

에서는 더 많은 투자를 유치하기 위해 내용 준비와 발표에 노력하도록 유도합니다. 둘째, 다른 팀의 발표를 듣는 학습자청중 의 입장에서는 다른 팀의 사업 계획 발표를 집중해서 듣고, 비판적으로 생각하도록 유도합니다.

◆ 어떻게 플레이하면 되나요?

학습자 수만큼 다음과 같은 투자 용지를 준비합니다.

Investment Sheet		
투자자 성명		
보유 자금	총 10억원	
개인이 각 팀에 투자한 금액	투자 팀	투자금(단위: 억원)
	1	
	2	
	3	
	4	
	5	
	6	

〈주의사항〉

- 보유한 투자금 전체를 투자합니다.
- 한 팀에 6억 원까지 투자가 가능합니다.
- 투자금의 단위는 억 원입니다.
- 본인 팀에 투자해도 됩니다.
- 누가 어디에 투자했는지는 비밀입니다.

학습자가 30명이라면, 한 팀에 5명, 총 6개의 팀을 구성합니다. 학습자 수에 따라 팀의 수, 팀 구성원의 수를 적절히 조절하면 됩니다. 단, 사업 계획을 발표하는 팀의 수는 5개~10개 정도가 적절합니다. 발표 팀의 수가 너무 적으면 투자게임의 느낌이 사라지며, 너무 많아지면 투자 선택 시 정확성이 떨어집니다.

학습자마다 투자용지를 한 장 씩 나눠줍니다. 게임을 진행하는 강사는 기관 투자자의 역할을 합니다. 보조 강사가 있을 경우 기관 투자자 역할을 2~3명이 나눠서 맡으면 됩니다. 자리 배치에는 특별한 조건이 없습니다. 다만, 사업 계획 발표를 모든 학습자들이 편하게 보고 듣기에 적당한 환경이어야 합니다.

각 팀별로 각각 5분 동안 사업 계획을 발표합니다. 발표 시간은 전체 교육시간을 고려해서 조정합니다. 팀별 사업 계획서 발표가 끝나면, 10분 동안 휴식 및 정보교환을 위한 시간을 줍니다. 이 시간 동안 학습자는 휴식을 취하거나, 다른 학습자와 의견을 자유롭게 교환합니다.

각 학습자는 자신이 보유한 자금 학습자마다 10억 원 을 본인 팀을 포함하여 사업 계획을 발표한 모든 팀을 대상으로 분산 투자합니다. '자신이 속한 팀'이 아닌 '좋은 내용을 잘 발표한 팀'에 투자해야 투자자에게 유리함을 설명합니다. 투자는 1억 원 단위로 합니다. 한 팀에는 최대 6억 원까지 투자할 수 있으며, 투자의 최소 단위는 백만 원입니다. 즉, 예를 들어 6개 팀이 있을 경우, A팀이 발표를 제일 잘 했다고 생각해도, A팀에는 6억 원까지 투자하고, 나머지 4억 원은 다른 5개 팀들에게 나누어 투자해야 합니다. 모든 팀에 투자를 하지는 않아도 됩니다. 작성한 투자용지를 반으로 접어서, 다른 학습자에게 내용이 보이지 않도록 강사에게 제출합니다.

기관 투자자강사&보조 강사 는 '전체 학습자수 × 10억 원' 만큼의 자금을 가지고 투자를 합니다. 학습자가 30명일 경우, 총 300억 원을 투자합니다. 단, 기관 투자자는 본인의 자금을 한두 팀에 올인all in 해서는 안 됩니다. 차등을 두되 적절하게 분산투자해야 합니다. 기관 투자자의 투자 결과는 비밀로 합니다.

학습자와 기관 투자자의 투자가 끝나면, 용지를 거둬서 투자 결과를 집계합니다. 집계 시 엑셀을 이용하면 편리합니다. 투자를 많이 받은 순서대로 팀의 순위가 매겨집니다. 투자를 받은 금액의 총합이 높은 팀이 1위, 차순위가 2위, 3위가 되는 식입니다. 학습자 간의 감정싸움을 막기 위해서 어느 학습자가 어느 팀에 투자했는가는 공개하지 않습니다.

각 학습자는 1위 팀에 투자한 투자금에 대해서 5배, 2위 팀에 투자한 투자금에 대해서 4배, 3위 팀에 투자한 투자금에 대해서 3배, 4위 팀에 투자한 투자금에 대해서 2배, 5위 팀에 투자한 투자금에 대해서 1배의 배당을 받으며, 6위 팀에 투자한 투자금은 손실처리합니다. 배당률은 참여하는 학습자 수, 팀 수 등을 고려해서 강사가 사전에 적절히 조정해도 됩니다.

◆◆◆

예를 들어 30명의 학습자가 총 6개 팀을 구성했으며, 30명 각자가 자유롭게 투자한 결과 다음과 같이 결과가 집계되었습니다. 투자금의 총액은 학습자 300억 원, 진행자 2명이 300억 원, 총 600억 원입니다.

1팀: 투자 받은 총액 100억 원, 4순위 배당률 2배

2팀: 투자 받은 총액 50억 원, 5순위 배당률 1배

3팀: 투자 받은 총액 30억 원, 6순위 배당률 0배

4팀: 투자 받은 총액 120억 원, 3순위 배당률 3배

5팀: 투자 받은 총액 170억 원, 1순위 배당률 5배

6팀: 투자 받은 총액 130억 원, 2순위 배당률 4배

학습자 A는 1팀에 5억 원, 3팀에 3억 원, 6팀에 2억 원을 투자했습니다. 학습자 B는 2팀에 2억 원, 5팀에 6억 원, 6팀에 2억 원을 투자했습니다. 이 경우 A와 B의 수익은 각각 다음과 같습니다.

A의 투자 수익 = 5×2 + 3×0 + 2×4 = 18억 원

B의 투자 수익 = 2×1 + 6×5 + 2×4 = 40억 원

개인별 수익을 산출하는 과정도 엑셀로 처리하면 훨씬 편리합니다. 개인별 수익을 합산하여, 수익금이 높은 순서대로 우승자를 가려냅니다.

디브리핑은 전체 토론으로 진행합니다. 투자 수익이 높은 학습자는 높은 수익을 얻게 된 이유를 이야기합니다. 어떤 평가 기준을 갖고 투자금을 분배했는지 이야기합니다. 투자 수익이 낮은 학습자는 낮은 수익을 얻게 된 이유를 이야기합니다. 어떤 평가 기준을 갖고 투자금을 분배했는지 이야기합니다. 플레이를 다시 한다면, 어떤 기준으로 평가를 해서 투자금을 분배할지 이야기합니다.

◆ 학습자들은 이 콘텐츠에 왜 몰입할까요?

학습자 각자가 상대방의 발표에 경청해야 하는 이유가 명확하기 때문입니다. 다른 학습자들이 투자를 많이 할 팀을 찾아내려면, 나부터가 어떤 팀의 발표가 좋은지 찾아내야 합니다. 그러려면 모든 팀의 발표를 경청해야 합니다. 원리는 이렇듯 단순합니다. 경청해야 하는 이유를 '다른 부서의 업무를 잘 들어보면, 당신의 업무에 도움이 될 겁니다.'라는 조금은 모호하고 멀어 보이는 목표가 아닌, '발표를 잘 들으면 지금 플레이하는 투자 게임에서 우승할 수 있습니다.'라는 구체적이고 가까운 목표를 제시한 접근이 이 콘텐츠의 힘입니다.

또한 서로의 업무를 이해하도록 유도하려는 이런 발표회의 본질적 목적이 훼손되지는 않았습니다. 구체적이고 가까운 목표를 통해 모호하고 멀어 보이는 목표까지 자연스레 도달하도록 만든 콘텐츠입니다.

◆ 어떤 경우에 활용하면 좋을까요?

의사소통이 중요하다고 모든 조직에서 이야기합니다. 의사소통은 읽기, 쓰기, 듣기, 말하기를 포함한 활동인데, 이중 대부분 조직에서 50% 이상의 시간이 듣는데 사용된다고 합니다. Wrench에 따르면 듣는 것 hearing 과 경청하는 것 listening 은 서로 다릅니다 *. 단순히 들을 때 인간의 뇌는 자동으로 움직이며 소리를 받아들입니다. 의식화된 처리가 발생하지 않습니다. 그러나 경청할 때는 다릅니다. 제대로 들으려는 의지, 들은 내용을 해석하고 판단하는 노력이 발생합니다. Lee & Hatesohl에 따르면 발표자가 10분 동안 무언가를 설명하면 청중은 50% 정도를 듣고 기억한다고 합니다 **. 이 비율은 발표 시간이 길어질수록 계속 떨어집니다. 학습자가 다른 이의 발표를 집중해서 듣는 시간은 5~20분 정도입니다 ***.

의사소통은 이렇듯 매우 중요하지만, 다른 이의 발표를 오래 집중해서 듣기는 참 어렵습니다. 앞서 소개한 피칭 & 펀딩 게임은 게임적 재미를 활용하여, 좀 더 집중해서, 좀 더 오래 듣도록 유도하는 콘텐츠입니다. 투자 결정을 내리기 위해 본인이 들은 내용을 깊게 생각하고,

---

* 이 비율은 발표 시간이 길어질수록 계속 떨어집니다. 학습자가 다른 이의 발표를 집중해서 듣는 시간은 5~20분 정도입니다

** Lee, D., & Hatesohl, D. (1993). Listening: Our most used communication skill.

*** David Cornish, M., & Dukette, D. (2009). The essential 20: Twenty components of an excellent health care team. Dorrance Publishing.

◆◆◆

주변 동료와 추가로 의견을 나눠보는 경험까지 만들어냅니다.

반기 또는 연말이면 여러 조직에서 비슷한 행사를 개최합니다. 조직에 소속된 여러 부서의 구성원들이 모여서, 각 부서의 성과를 공유하고 업무 계획을 발표합니다. 부서별 구성원이 20명이고, 총 10개의 부서가 있다고 가정합시다. 각 부서마다 성과 공유와 계획 발표에 15분을 쓴다면, 휴식 시간을 제외하고 전체적으로 2시간 30분이 소요됩니다. 2시간 30분에 구성원 수 200명을 곱하면, 500시간이 됩니다. 어마어마한 자원을 이런 행사에 쓰는 셈입니다. 저도 여러 조직에서 근무하며 이런 행사에 많이 참여했습니다. 그런데 그때마다 이런 생각이 들었습니다.

"다른 부서의 발표를 듣고 있기가 정말 힘들다.
그런데 다른 부서 사람들은 내 발표를 잘 들어줄까?"

업무 협력과 효율성 향상을 위해 서로의 발표를 잘 들어야 함을 머리로는 알고 있지만, 막상 실천이 잘 안됩니다. 피칭 & 펀딩 게임은 바로 이런 상황에서 쓰기에 좋은 콘텐츠입니다. 앞서 설명한 규칙에서는 발표 주제가 스타트업 팀의 사업 계획서였지만, 그 주제를 여러분이 진행할 행사에 맞게 바꾸면 됩니다.

예를 들어 지역별로 분산된 8개 사업장의 중간관리자 이상이 모여서 업무 공유를 위한 발표, 토론회를 하는 경우, 발표 주제를 스타트업 팀의 사업 계획서에서 각 사업장별 보고 자료로 대체하면 됩니다. 투자게임이 끝난 후 구성원 중에 누가 높은 점수를 획득했는지를 따져서 적절한 보상을 주면 좋습니다. 조직 문화가 경직되지 않은 경우라면, 높은 점수를 획득한 구성원에게 이런 기회를 주면 어떨까 합니다. 연단에 그 구성원이 올라가서, 오늘 가장 잘 경청한 청중의 자격으로 모든 사업장의 발표에 관한 자신의 소감을 간략하게 이야기합니다. 사회자가 그를 임의로 지목해서 연단에 올렸을 때와는 사뭇 다른 힘이 그의 이야기에 실리리라 확신합니다. 직급이나 경력을 떠나서, 그는 구성원 모두가 참가한 경청 게임에서 당당히 최고의 경청자로 뽑힌 구성원이기 때문입니다.

Stephen R. Covey
says

대부분의 사람들은
이해하기 위해 듣는 게 아니다.
그들은 응답하기 위해 듣는다.

김상균
says

사람들이 게임에 집중하는
이유는 게임 속 미션이
명확하기 때문이다.
청중에게 명확한 미션을 주면
그들은 경청한다.

2 부장님 없는 술자리의 신난 대화 같은 토론 규칙

A상황: 아무도 말하려 하지 않습니다. 긴 테이블의 한쪽 면에 홀로 앉은 그만이 주로 이야기합니다. 그러면서 가끔 묻습니다. 누구 다른 의견 있으면 편하게 이야기하라고. 그러면 테이블의 양쪽 긴 줄에 앉은 이들은 서로 눈치를 봅니다. 결국 누구 하나 쉽게 입을 열지 못합니다.

B상황: 둥근 테이블에 둘러앉은 이들의 말소리가 끊임없이 이어집니다. 가끔 서로의 말을 놓치기도 하지만, 그래도 누가 뭔가를 말하면 서로 맞장구를 쳐주며 반응합니다. 그런 반응에 힘이 생겨 다른 이가 또 말을 보탭니다.

위에 묘사한 A, B상황은 무엇일까요? 하나는 회의, 다른 하나는 술자리입니다. 저는 오랫동안 참 궁금했습니다. 왜 회의 시간에는 주로 한 명이 이야기하고, 다른 이들은 받아 적기만 할까? 왜 회의가 끝나면 늘 뒷맛이 개운하지 않을까? 왜 술자리 부서회식 말고, 때로는 부서회식까지 에서는 모든 이가 즐겁게 대화에 참여할까? 왜 술자리가 끝나면 2차를 가서 또 얘기하고 싶어 할까?

직장의 회식, 친구들과의 술자리, 가장 큰 차이는 참석자 구성과 관계, 역할에 있습니다. 그러나 직장의 회식, 친구들과의 술자리 대화를 다르게 만드는 요인이 과연 그게 전부일까요? 저는 두 가지 차이를 더 발견했습니다. '서로 편하게 피드백할 수 있는가?', '다양한 피드백이 존재하는가?'입니다. 이런 피드백 기능을 반영하여 제가 개발한 '토크 카드 Talk Card '라는 게임 규칙을 소개하겠습니다. 이 콘텐츠는 퀘스트 스쿨 www.questschool.kr 에서 구매하실 수 있습니다.

◆ 어떻게 플레이하면 되나요?

한 팀을 4명으로 나눠서 플레이할 경우, 이 콘텐츠는 팀별로 피드백 용지 4개, 스티커 4세트, 질문카드 16장이 필요합니다. 4명을 하나의 토론 팀으로 묶습니다. 각 참가자에게 피드백 용지 1개, 색상 스티커 1세트를 나눠줍니다. 토론할 팀별로 질문카드를 한 세트씩 나눠줍니다. 각자 자기 앞에 피드백 용지, 색상 스티커를 하나씩 놓습니다. 질문카드는 임의로 4장씩 뽑아서, 앞면이 보이지 않게 엎어둡니다.

참가자들끼리 서로 오른손을 대보게 합니다. 오른손이 가장 큰 참가자가 먼저 시작합니다. 먼저 시작하는 참가자가 자신 앞에 놓여진 4개의 질문 카드 중 임의로 하나를 뒤집습니다. 내용을 보고 선택하면 안 됩니다.

뒤집어진 카드의 내용을 다른 참가자들에게 보여주며 읽습니다. 이 참가자에게 발언권이 있습니다. 해당 질문카드의 질문에 관한 본인의 의견을 2~3분 동안 자유롭게 말합니다. 정답은 없습니다. 스마트폰 앱이나 모래시계를 이용해 시간을 체크하면 좋습니다.

발언권을 가지지 않은 다른 참가자들도 끼어들어 가볍게 자신의 의견을 얘기할 수 있으나, 발언권을 가진 참가자가 이야기를 주도해야 합니다. 발언권을 가진 참가자가 이야기를 하면, 다른 참가자들은 자신이 가진 스티커를 발언권을 가진 참가자의 피드백 용지의 재미, 공감, 열정 칸에 붙여줍니다.

예를 들어, A, B, C, D가 플레이한다면, A가 얘기할 때 나머지 세 참가자는 이야기를 듣고 있습니다. A의 이야기를 듣고, 다른 세 참가자는 각각 자신의 스티커를 A의 피드백 용지에 붙여줍니다. B는 A가 열심히 얘기한다고 생각했습니다. B는 A의 피드백 용지 열정 칸에 스티커를 하나 붙여줍니다. C는 A의 얘기가 재미있고, 공감된다고 생각했

발언자의 피드백 용지

듣는이의 피드백 용지

습니다. C는 A의 피드백 용지 재미, 공감 칸 각각에 스티커를 하나씩 붙여줍니다. D는 A의 얘기에서 열정, 재미, 공감, 아무것도 못 느꼈습니다. D는 A의 피드백 용지에 스티커를 붙여주지 않습니다.

발언자는 자신의 스티커를 이야기를 듣는 참가자들에게 붙여줄 수 있습니다. 예를 들어, A가 이야기를 하는데, B가 집중을 해서 들어주고, C는 손뼉을 치면서 호응했습니다. A는 자신의 스티커를 B, C의 피드백 용지 리액션 칸에 하나씩 붙여줍니다.

한 명의 이야기가 끝나면 오른편에 앉은 참가자가 자신의 질문카드를 하나 뒤집어서 이야기를 진행합니다. 이런 식으로 카드가 모두 소진되거나, 정해진 플레이 시간이 끝날 때까지 게임을 진행합니다. 이 게임에서는 기본적으로 승패를 철저히 나누지는 않는 편이 좋습니다. 참가자 각자의 토크 포인트점수 는 다음과 같이 계산합니다.

◆◆◆

토크 포인트 = 자신의 피드백 용지에 붙은 스티커 개수 – 처음에 받은 자신의 스티커 중 남은 개수

예를 들어 A는 재미에 3개, 공감에 5개, 열정에 7개, 리액션에 3개의 스티커를 받았습니다. 그리고 처음에 받은 자신의 스티커는 20개였는데 16개를 다른 참가자에게 붙여주고 4개를 남겼습니다. 그러면 A의 점수는 3+5+7+3-4=14가 됩니다.

디브리핑은 진행 방식에 따라 10~30분 정도가 소요됩니다. 활용 가능한 시간을 고려해서, 진행자가 적절하게 진행하면 됩니다. 시간의 여유가 없으면 '질문 가져가기'만 진행하고 마무리하시기 바랍니다. 시간의 여유가 있으면, '확신에 찬 이야기', '어려운 이야기'를 먼저 진행하면 좋습니다.

• 확신에 찬 이야기

사용한 질문카드를 모두 모아서, 테이블 가운데에 질문이 잘 보이게 넓게 펼칩니다. 스티커 포인트가 제일 높은 참가자부터 낮은 참가자 순서로 본인이 가장 자신 있게 얘기할 수 있는 질문카드를 하나씩 집어갑니다. 이때는 게임에서 본인의 카드가 아니었던 카드를 선택해야 합니다. 카드 선택이 끝나면, 카드를 가져간 순서대로 본인이 가진 카드의 질문에 대해 돌아가면서 답해봅니다.

◆ ◆ ◆

• 어려운 이야기

이야기가 끝나면 질문카드를 다시 모아서, 질문이 잘 보이도록 넓게 펼칩니다. 스티커 포인트가 제일 낮은 참가자부터 높은 참가자 순서로 본인이 가장 답변하기 어려운 질문카드를 하나씩 집어갑니다. 이때는 게임에서 본인의 카드였던 카드를 선택해도 됩니다. 카드 선택이 끝나면, 카드를 가져간 순서대로 왜 그 카드의 질문에 답하기 어려운지 그 이유를 얘기해봅니다.

• 질문 가져가기

이야기가 끝나면 질문카드 20장을 다시 모아서, 질문이 잘 보이게 넓게 펼치세요. 스티커 포인트가 제일 높은 참가자부터 낮은 참가자 순서로 질문카드들 중에서 마음에 드는 카드를 한 장씩 골라서 가져갑니다. 질문카드가 모두 없어질 때까지 이 과정을 반복합니다. 마음에 드는 질문카드를 고르기 어려우면 이렇게 생각하면 됩니다. '나에게 가장 중요한 질문이 담긴 카드는 무엇일까?', '가족에게 물어보고 싶은 카드는 무엇일까?', '친한 친구나 동료에게 주고 싶은 카드는 무엇일까?'

◆ 학습자들은 이 콘텐츠에 왜 몰입할까요?

한 마디로 친구들과의 술자리와 비슷한 분위기가 형성되기 때문입니다. 질문카드는 각자의 발언 기회를 균등하게 만들어줍니다. 피드백 용지와 스티커는 이야기 중 서로에게 느끼는 감정을 명확하게 보여줍니다. 그리고 피드백 용지의 4개 피드백 항목은 모두 긍정의 감정만 보여주고 있습니다. 어느 칸에 스티커가 붙더라도 기분이 나빠지지 않습니다. 모두가 골고루 참여하고 서로 긍정적 반응을 나누는 대화. 누구나 좋아하는 대화의 모습입니다. 누구나 좋아하는 대화를 게임 규칙으로 이끌어낸 게 이 콘텐츠의 힘입니다.

◆ 어떤 경우에 활용하면 좋을까요?

조직 내에서 구성원들과 문제 해결을 위한 토론, 학습을 위한 토론 시 사용하면 좋습니다. 두 가지 경우를 보여드리겠습니다.

문제 해결을 위한 토론 사용 예입니다. 부서 구성원이 총 8명입니다. 신사업 기획을 위해 아이데이션이 필요한 상황입니다. 브레인스토밍을 해보았지만, 더 다양하고 깊은 의견을 끄집어내고 싶습니다. 신

◆◆◆

사업 기획을 위해 어떤 것을 고민해야 할지 질문을 뽑아봅니다. 질문을 뽑는 작업을 브레인스토밍으로 진행하거나, 한두 명이 맡아서 질문을 만듭니다. 총 16개의 질문을 준비합니다. 예를 들어 '현재 우리 부서가 가진 최고의 강점은 무엇인가?', '신사업 기획 시 가장 중요한 고려 요소는 무엇인가?', '신사업 기획을 위해 조직 내외부에는 어떤 협력자가 있을까?', '신사업을 추진하기 위해 우리는 무엇을 포기해야 하는가?' 등입니다. 이런 질문들을 앞서 보여드린 질문카드 형태 명함크기정도 로 만듭니다. 그리고 문구점에서 판매하는 스티커를 준비합니다. 피드백 용지와 질문카드를 파워포인트로 만든 후 사무실 프린터로 출력합니다. 이왕이면 서류에 쓰이는 일반 A4용지보다는 두툼한 인화지를 사용하면 더욱더 좋습니다. 부서 구성원을 4명씩 2개 팀으로 나눕니다. 각 팀별로 앞서 설명한 규칙에 따라 토크 카드 게임을 진행합니다. 각 팀의 플레이가 끝나면, 각 팀에서 게임 중 나온 의견을 정리해서 공유합니다.

학습을 위한 토론 사용 예입니다. 4명이 스터디 그룹을 만들어서 게이미피케이션을 공부하려고 합니다. 다음 그림과 같은 질문카드를 활용해서 4명이 토크 카드 게임을 진행합니다. 이 질문카드들은 제가 HRD담당자, 강사, 교육 기획자들을 대상으로 게이미피케이션 워크숍을 할 때 실제 사용하는 도구입니다.

앞서 보여드린 두 가지 경우 이외에도 문제 해결, 학습에 관한 다양한 주제를 놓고 질문카드를 구성하여 토크 카드 게임을 진행할 수 있습니다. 질문카드를 만드는 과정, 토크 카드 게임을 통해 토론을 진행하는 과정에서 모두 학습이 이뤄집니다.

◆ ◆ ◆

Robert Quillen
says

토론은 지식의 교환이며,
논쟁은 무지의 교환이다.

3 부담스러운 충고를 게임의 피드백처럼 바꾸는 규칙

조직 내 구성원끼리 서로 자유롭고 편하게 의견을 제시하는 건 여간 어려운 게 아닙니다. 특히 상하 관계가 존재하는 조직에서 상급자에게 의견을 제시하기, 더욱이나 긍정의 메시지가 아닌 부정의 메시지나 평가를 전달하기는 더욱 그렇습니다. 예를 들어 A부서 팀장인 B는 회의 때마다 팀원들이 내는 의견에 비아냥거리는 습관이 있습니다. 모든 팀원들이 B의 이런 태도에 문제가 있다고 생각하지만, 이런 뜻을 전하기가 쉽지 않습니다. 고양이 목에 방울 달기 같은 상황입니다. 서로 불편할 수 있는 의견 제시, 피드백을 조금은 편하게 하기 위한 콘텐츠를 두 개 소개하겠습니다.

먼저 디스커션 토큰 Discussion Token 이라는 콘텐츠를 소개하겠습니다. 이 콘텐츠는 학지사 인싸이트 inpsyt.co.kr 에서 구매하실 수 있습니다. 이 콘텐츠는 개인과 팀에 존재하는 토론의 패턴을 파악하고, 패턴 속에 존재하는 장점과 단점을 파악하여 피드백하는 목적으로 개발되었습니다. 이를 통해 토론자 간의 의견 교류를 활성화하고, 건전하며 발전적인 토론을 유도하는 게임입니다. 한 팀을 4~6명으로 구성해서 토론을 진행할 수 있습니다. 진행 도구는 다음과 같이 디스커션 토큰, 발언용 토큰, 투표용 토큰, 주제 카드, 빙고판으로 구성됩니다.

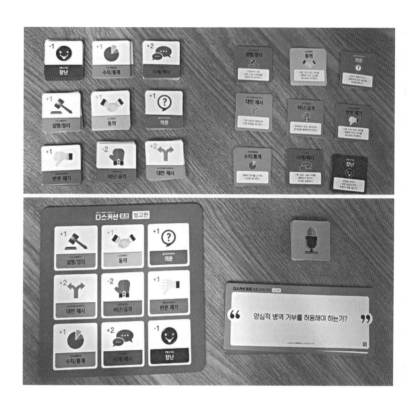

◆ 어떻게 플레이하면 되나요?

다음과 같은 두 가지 방식으로 진행이 가능합니다. 원하는 방식에 맞춰 준비합니다.

• 규칙1

팀별로 토론하기 좋은 형태로 둘러앉습니다. 팀별로 진행자 1명, 참가자토론자 3~5명을 구성합니다. 진행자는 디스커션 토큰을 모두 모아서 가지고 있습니다. 참가자들진행자 제외은 발언용 토큰을 3개씩 나

뒤 갖습니다. 주제 카드 중 하나를 선택해 토론의 주제로 삼거나, 참가자들이 원하는 토론 주제를 임의로 정합니다. 여기까지가 준비과정입니다.

토론을 시작하면, 발언하고 싶은 참가자는 발언용 토큰 한 개를 가운데로 제출하고 발언합니다. 발언용 토큰이 부족하면 제출하지 않아도 됩니다. 발언자가 주제에 대해 자유롭게 발언을 하면, 진행자는 발언자의 발언 내용에 적합한 디스커션 토큰을 지급합니다. 진행자는 발언자의 발언 한 번에 대해 0~2개의 디스커션 토큰을 지급할 수 있습

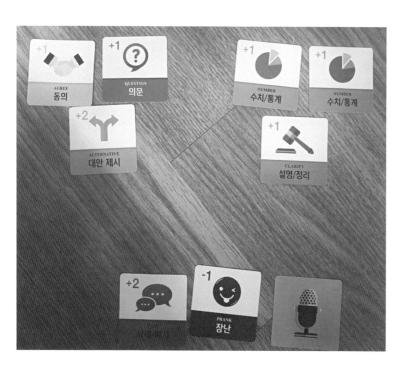

니다. 이 방식으로 일정 시간 토론을 합니다. 토론을 마치면 디스커션 토큰의 포인트를 합산해서 순위를 계산합니다. 사용하지 않고 갖고 있는 발언용 토큰은 하나당 −1점으로 계산합니다. 예를 들어 A, B, C, 세 명의 참가자가 토론을 했으면 다음과 같이 점수가 계산됩니다.

A: 동의 1개 +1점, 의문 1개 +1점, 대안 제시 1개 +2점, 총 4점

B: 수치/통계 2개 +1점×2, 설명/정리 1개 +1점, 총 3점

C: 사례/예시 1개 +2점, 장난 1개 -1점, 미사용 발언토큰 1개 -1, 총 0점

• 규칙2

팀별로 토론하기 좋은 형태로 둘러앉습니다. 토론자 4~6명을 구성합니다. 진행자는 별도로 배정하지 않습니다. 디스커션 토큰을 모두 모아서 중앙에 종류별로 뭉쳐놓습니다. 토론자마다 투표용 토큰 1세트, 발언용 토큰 6개, 빙고판 1개를 가져갑니다. 주제 카드 중 하나를 선택해 토론의 주제로 삼거나, 참가자들이 원하는 토론 주제를 임의로 정합니다. 여기까지가 준비과정입니다.

토론을 시작하면 얘기를 하고 싶은 참가자는 발언용 토큰 한 개를 가운데로 제출하고 발언을 시작합니다. 발언자는 발언을 마치면, 자신의 발언에 맞는 투표용 토큰 한 개를 뒤집어 제출합니다. 다른 토론자

들도 본인이 생각하기에 발언자가 어떤 토론 패턴을 보였는가를 판단하여, 그에 맞는 투표용 토큰을 각자 한 개씩 내용이 보이지 않게 뒤집어 제출합니다. 동시에 투표용 토큰을 뒤집어보고, 발언자는 반수 이상 나온 디스커션 토큰을 테이블 중앙에서 하나 가져갑니다. 예를 들어 5명이 토론에 참가했으며, 투표용 토큰은 대안 제시 3개, 동의 2개가 나왔다면, 발언자는 대안 제시 디스커션 토큰을 하나 가져갑니다. 가져간 디스커션 토큰을 자신의 빙고판 해당 위치에 올려놓습니다. 빙고판에서 한 줄을 먼저 완성하는 참가자가 우승합니다. 단, 채워진 줄

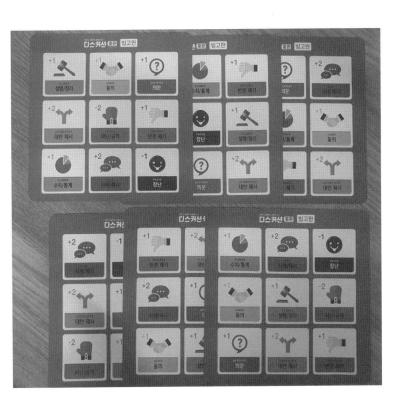

에 '-' 토큰_{비난/공격, 장난} 이 있으면 안 됩니다.

규칙 1, 2 모두 디브리핑은 기본적으로 팀별 토론으로 진행합니다.

참가자별로 각자가 많이 획득한 디스커션 토큰, 많이 갖고 싶은 디스커션 토큰의 종류를 얘기합니다. 결과와 바람에 차이가 있다면, 그 이유를 생각해봅니다. 팀 전체에서 많이 획득한 디스커션 토큰의 종류, 그런 결과가 나온 이유를 얘기합니다. 구성원들이 가져가면 좋다

토론 참가자 개인별 성찰						
토론자 성명						
많이 획득한 디스커션 토큰						
많이 획득하고 싶은 디스커션 토큰						
위와 같은 차이가 발생한 이유						
팀 전체 성찰						
팀원들이 가장 많이 획득한 디스커션 토큰	토큰 종류는? 그렇게 된 이유는?					
팀원들이 많이 획득하면 좋다고 생각하는 디스커션 토큰	토큰 종류는? 그렇게 바라는 이유는?					
	그렇게 되기 위한 토론 자세, 방식은?					

◆◆◆

고 생각 하는 디스커션 토큰의 종류, 그렇게 바라는 이유, 그런 결과가 나오기 위해 개선해야 할 토론 자세와 방법에 대해 얘기합니다. 양식 지를 나눠주고 팀별로 채워보 게 하거나, 질문을 순서대로 제시하고 포스트잇에 의견을 쓰게 합니다.

◆ 학습자들은 이 콘텐츠에 왜 몰입할까요?

각자 투표할 수 있는 결정 권한, 투표 결과에 대한 기대감, 투표의 결과로 모으게 되는 디스커션 토큰, 이런 요소가 이 콘텐츠를 재미있 게 만드는 부분입니다. 의사소통 과정에서 상대방에게 언어적 메시지 로 피드백을 하는 데는 제약, 한계가 있습니다. 사회적 관계에서 오는 권력의 비대칭성에 따른 불편함, 언어적 메시지를 전달하는 데 소요되 는 시간 등이 그렇습니다. 작은 종이 토큰투표용 토큰, 디스커션 토큰 이 이런 제약, 한계를 조금은 낮춰주는 역할을 합니다. 제약, 한계를 조금 낮춰 주는 규칙이 학습자를 이 콘텐츠에 몰입하게 만듭니다.

◆ 어떤 경우에 활용하면 좋을까요?

두 가지 경우에 활용이 가능합니다. 이 콘텐츠의 본래 규칙, 도구를 그대로 활용하여, 구성원들의 토론을 훈련하기 목적으로 사용하거나, 조직에서 가벼운 주제로 토론할 상황이 생겼을 때 이 콘텐츠를 보조 수단으로 활용하는 방식입니다. '가벼운 주제'라고 제한한 이유는 이 렇습니다. 주제가 무거워지면, 발언을 하면서 서로 토큰을 통해 피드백하기가 쉽지 않습니다. 게임적 장치가 서로의 마음을 누그러트리는 효과는 있으나, 자칫 너무 무거운 상황에서 그런 게임적 장치를 잘못 사용하면 역효과를 낼 수 있습니다.

다음으로는 티타임 Tea Time 이라는 콘텐츠를 소개하겠습니다. 이 콘텐츠는 학지사 인싸이트 inpsyt.co.kr 에서 구매하실 수 있습니다. 이 콘텐츠의 목표는 참가자들이 서로에 관한 이해도를 높이는 것입니다. 스트레스, 업무/학습, 소통/갈등, 협력, 개인/취향의 5개 영역에 관해 구성원들이 서로를 어떻게 생각하고 있으며, 이해가 다른 부분을 찾아 그 차이점을 생각해보는 게임입니다. 서로 처음 만난 참가자들은 이 게임을 즐기기에 적당하지 않습니다. 평소 업무, 조직, 학교생활 등을 함께 하는 구성원, 모여서 지낸 경험이 어느 정도 있는 구성원들이 즐기기에 적당합니다.

본 게임의 플레이 가능 인원은 6~8명입니다. 구성품은 투표용 질문 카드 25장, 투표용 선택 카드 64장 세트별로 8장 × 8세트 , 커피컵 8개, 얼음 칩 150개입니다.

투표용 질문카드의 내용은 다음 표와 같습니다.

영역	투표용 질문	도전용 질문
스트레스	최근에 스트레스를 가장 많이 받는 사람은?	어떤 스트레스를 주로 받고 있나요? 스트레스 해소에 도움을 많이 주는 사람은?
	스트레스에 내성이 가장 강한 사람은?	자신만의 스트레스 관리 비법은? 최근에 받은 최고의 스트레스는?
	최근에 가장 행복해 보이는 사람은?	무엇이 당신을 행복하게 하나요? 당신은 동료들에게 어떤 행복을 주나요?
	너무 안 놀아서 걱정되는 사람은?	정말 안 놀고 있나요? 당신이 생각하는 최고의 놀이는?
	혼자서도 가장 재미있게 놀 사람은?	혼자서 뭐 하고 노나요? 혼자 있는 시간은 당신에게 어떤 의미인가요?
업무/학습	기획서, 보고서 PT를 가장 잘하는 사람은?	PT를 잘하는 노하우는? 가장 떨렸던 PT는?
	좋은 아이디어를 가장 잘 내는 사람은?	아이디어의 원천은? 최근에 생각 중인 아이디어는?
	일 처리를 가장 꼼꼼하게 하는 사람은?	그렇게 꼼꼼해진 원인은? 내 꼼꼼함의 단점은?
	일 처리를 가장 빨리하는 사람은?	일을 빨리하는 비결은? 빠른 일 처리의 단점은?
	멀티태스킹에 가장 능한 사람은?	멀티태스킹의 비결은? 멀티태스킹을 좋아하나요? 그 이유는?
소통/갈등	동료들의 이야기를 전반적으로 가장 잘 들어주는 사람은?	들으면서 주로 어떤 생각을 하나요? 당신의 이야기는 주로 누가 들어주나요?
	동료와 갈등이 생기면, 누구에게 도움을 청할까요?	왜 동료들이 당신을 뽑았을까요? 당신은 동료와 갈등이 생기면 어떻게 해결하나요?
	비밀 얘기를 나누기에 가장 적합한 사람은?	당신은 비밀을 정말 잘 지키나요? 그 이유는? 지키면 안 될 비밀이 있다면 무엇일까요?

영역	투표용 질문	도전용 질문
소통/갈등	가능하다면, 이야기를 가장 많이 나누고 싶은 사람은?	당신과 어떤 이야기를 나누고 싶어 할까요? 당신에게 어려운 대화 주제는?
	말이 아니라 텔레파시로 가장 잘 통하는 사람은?	왜 당신이 뽑혔을까요? 당신은 누구를 뽑았나요? 그 이유는?
협력	무인도에 남겨졌을 때, 함께 남을 한 명을 뽑자면?	왜 당신이 뽑혔을까요? 당신은 누구를 뽑았나요? 그 이유는?
	이 중에서 대통령을 뽑는다면?	당신을 안 뽑은 사람은 왜 그랬을까요? 진짜 대통령이 된다면, 꼭 하고 싶은 일은?
	당신의 단점을 가장 잘 보완해주는 사람은?	당신은 동료의 어떤 점을 보완해주는 사람일까요? 당신의 단점은 무엇인가요?
	창업을 한다면, 동료로 꼭 뽑고 싶은 사람은?	왜 당신이 뽑혔을까요? 당신은 누구를 뽑았나요? 그 이유는?
	경쟁 조직에 스파이를 보낸다면 누구를?	왜 당신이 뽑혔을까요? 당신은 누구를 뽑았나요? 그 이유는?
개인/취향	아르바이트를 가장 많이 해봤을 사람은?	당신이 해본 최고의 아르바이트는? 그 이유는? 해보고 싶은 아르바이트는? 그 이유는?
	여행을 가장 즐기는 사람은?	당신이 가본 최고의 여행지는? 그 이유는? 당신이 가보고 싶은 여행지는? 그 이유는?
	못 먹는 음식이 가장 적은 사람은?	당신이 최고로 좋아하는 음식은? 그 이유는? 당신이 못 먹고/싫어하는 음식은? 그 이유는?
	연예인으로 직업을 바꾸기에 가장 적합한 사람은?	가수, 배우, MC, 어떤 연예인이 되고 싶나요? 그 이유는? 가장 좋아하는 연예인은? 그 이유는?
	책을 가장 많이 읽는 사람은?	당신이 읽어본 최고의 책은? 그 이유는? 당신이 읽어본 최악의 책은? 그 이유는?

◆ 어떻게 플레이하면 되나요?

모든 플레이어는 서로의 얼굴을 잘 볼 수 있게 둘러앉습니다. 플레이어마다 커피컵 1개, 투표용 선택 카드 1세트 1~8번이 매겨진 1세트 , 얼음

칩 3개를 나눠 갖습니다.

투표용 질문카드 25장을 섞어서 뒷면이 위로 보이게 테이블의 중앙에 놓습니다. 남은 얼음칩은 투표용 질문카드 옆에 모아둡니다. 플레이어 중에서 생일이 가장 빠른 사람이 투표용 질문카드덱의 위에서 한 장을 뽑은 후 뒤집어서 테이블 가운데 놓습니다. 투표용 질문카드에는 투표용 질문Voting Question 과 도전용 질문Challenge Question 이 적혀 있습니다. 투표용 질문카드를 뒤집은 플레이어가 질문카드 내용 중 투표용 질문을 큰 소리로 읽습니다.

모든 플레이어는 질문 내용에 가장 적합한 구성원을 선택해서, 해당 구성원의 커피컵 번호에 해당하는 투표용 선택 카드를 뒷면이 보이게 테이블 중앙으로 동시에 제출합니다. 본인의 번호를 선택해도 됩니다. 제출된 투표용 선택 카드를 섞어서 동시에 모두 뒤집습니다. 가장 많이 선택받은 플레이어가 선정된 플레이어가 됩니다. 다음 예에서는 5번 플레이어가 선정되었습니다. 받은 표수가 같을 경우에는 가위바위보를 해서 이긴 플레이어가 선정된 플레이어가 됩니다.

선정된 플레이어는 자신을 뽑아준 플레이어가 누구인지 추측해서 맞춥니다. 단, 자신을 뽑아준 플레이어가 1명이거나 모든 플레이어가 자신을 뽑아준 경우에는 이 단계를 건너뜁니다. 선정된 플레이어는 누가 자신을 뽑았는지 추측해서 말합니다. 자신을 뽑아준 플레이어를 모두 맞춘 경우에 얼음칩 2개를 얻습니다. 한 명이라도 틀린 경우에는 자신의 얼음칩 1개를 반납합니다. 반납할 얼음칩이 없을 때는 반납하지 않습니다. 예를 들어 8명이 플레이를 하고 있습니다. 5번 플레이어가 총 3표를 받아서 뽑혔습니다. 5번 플레이어는 1, 3, 4번 플레이어가 본인을 뽑아줬다고 추측해서 얘기합니다. 5번 플레이어를 뽑은 사람은 손을 들도록 합니다. 살펴보니 3, 4, 6번 플레이어가 5번을 뽑았다고 합니다. 5번 플레이어는 자신의 얼음칩 1개를 반납합니다.

선정된 플레이어를 투표한 플레이어가 누구인지 공개합니다. 해당 플레이어들 좀 전의 예에서 3, 4, 6번 플레이어 은 얼음칩을 1개씩 가져갑니다. 선정된 플레이어는 얼음칩을 추가로 가져가지는 않습니다. 모든 플레이어는 투표에 사용한 투표용 선택 카드를 다시 가져갑니다. 즉, 각 플레이어마다 1~8번 투표용 선택 카드 모두를 다시 갖고 있어야 합니다.

선정된 플레이어는 질문카드에 적힌 도전용 질문 2개를 큰 소리로 읽습니다. 선정된 플레이어는 본인이 원할 경우 도전용 질문 2개에서 하나를 선택해서 본인의 의견을 말합니다. 나머지 플레이어들 선정된 플레이어 제외 은 의견을 들은 후에 그 내용이 충실하고, 공감되었는지 판단합니다. 의견을 들은 플레이어들은 동시에 오른손을 내밀어서 엄지를 위 공감 또는 아래 비공감 로 하여 가부 투표를 합니다. 공감에 투표한 플레이어가 절반 이상일 경우 의견을 말한 선정된 플레이어는 얼음칩 1개를 가져갑니다.

선정된 플레이어는 다른 플레이어 중에서 한 명을 선택해서 남은 도전용 질문에 관해 물어봅니다. 다른 플레이어가 특정 플레이어에게 질문을 해보자고 제안할 수 있습니다. 도전용 질문을 받은 플레이어는 질문에 답합니다. 이후에는 앞 단계와 같이 질문에 답변한 플레이어를 제외한 플레이어들이 엄지로 투표를 하여 질문에 답변한 플레이어가 얼음칩을 가져갈 수 있습니다.

여기까지 진행한 후에는 투표용 질문카드를 선정된 플레이어가 가져갑니다. 선정된 플레이어는 투표용 질문카드를 본인의 커피컵에 담아 놓습니다. 각 플레이어들이 획득한 얼음칩도 개인별로 커피컵에 담아 놓습니다.

투표용 질문을 읽었던 플레이어의 오른 편에 앉은 플레이어가 새로운 투표용 질문카드를 뒤집고, 이후에는 위의 단계와 동일하게 진행합니다. 끝나는 시간30분, 60분 등 을 정해놓고 플레이할 경우, 개봉된 투표용 질문카드 개수와 무관하게 시간이 되면 게임을 끝냅니다. 또는 투표용 질문카드 개수를 미리 정하고 플레이해도 됩니다. 예를 들어 질문카드 10개, 15개 등으로 정한 후 플레이하면 됩니다. 게임 종료 시 가장 많은 얼음칩을 가진 플레이어가 우승합니다. 동률이 있을 경우 동률자 중에서 더 적은 투표용 질문카드를 가진 플레이어가 우승합니다. 투표용 질문카드의 개수도 동률일 경우에는 공동 우승으로 합니다.

디브리핑은 개별 활동, 팀별 토론으로 진행합니다. 플레이어 개인별로 포스트잇을 한 장씩 가져갑니다. 플레이어 개인별로 포스트잇에 새로운 투표용 질문을 고안해서 적습니다. 25장의 표준 투표용 질문카드에 적혀 있지 않은 내용 중 구성원들에게 물어보고 싶은 내용을 적으면 됩니다. 본 작업을 위해 2~3분 정도의 시간을 줍니다. 개인별로 질문 작성이 끝나면, 돌아가면서 질문을 발표 질문의 내용, 의미 합니다. 모든 플레이어의 질문 발표가 끝나면, 투표를 통해 어떤 질문이 우리 구성원들에게 의미가 있는지 결정합니다. 1~2개 정도의 질문을 선정하면 됩니다. 선정된 질문을 놓고 게임의 규칙대로 투표를 통해 어떤 구성원이 해당 질문에 적합한가를 가려냅니다.

◆ 학습자들은 이 콘텐츠에 왜 몰입할까요?

질문카드 예: 창업을 한다면, 동료로 꼭 뽑고 싶은 사람은? 에 대해 나는 어떤 구성원을 선택할지, 그리고 이 질문카드에 대한 어떤 구성원들이 나를 선택할지 추측하는 요소가 가장 흥미로운 부분입니다. 다양한 영역의 질

문에 관해 서로가 서로를 어떻게 바라보고 있는지 편하게 드러내도록 합니다. 도전용 질문에 관해 얘기를 풀어보는 부분도 재미요소입니다. 상대방에 대한 서로의 생각을 자연스럽게 드러내도록 유도하는 규칙이 이 콘텐츠의 힘입니다.

◆ 어떤 경우에 활용하면 좋을까요?

기업 HRD 프로그램의 시작 단계에서 참가자들 간의 교감을 끌어올리기 위해, 기업 부서별 사업 계획이나 성과 결산 등 프로그램 진행 시 분위기 전환을 위해, 또는 다양한 동아리나 모임에서 구성원들이 술의 힘을 빌리지 않고 서로에 관해 편하게 이야기하는 분위기를 만들기 위해 사용하시면 됩니다.

규칙을 응용, 수정하면 수십 명의 참가자가 동시에 게임을 플레이할 수도 있습니다. 예를 들어 50명이 집단 워크숍을 합니다. 총 10개 정도의 질문을 미리 만들어서 공개합니다. 질문은 앞의 표 질문카드 를 참고해도 됩니다. 질문의 수만큼 투표함을 준비하고, 투표함마다 질문 내용을 붙여둡니다. 워크숍에 참가하는 50명은 각 질문에 대한 각자의 판단 누가 그 질문에 가장 가까운 사람인지 을 적어서 각 질문 내용이 붙은 투표함에 넣습니다.

예를 들어, '당신의 단점을 가장 잘 보완해주는 사람은?', '동료들의 이야기를 전반적으로 가장 잘 들어주는 사람은?', '혼자서도 가장 재미있게 놀 사람은?', '기획서, 보고서 PT를 가장 잘하는 사람은?' 이렇게 4개의 질문을 사용하려고 합니다. 투표함을 4개 준비하여, 각 투표함에 이 질문을 하나씩 크게 출력하여 붙입니다. 그리고 워크숍 참가자 50명에게 투표용지를 4장씩 나눠둡니다. 투표용지는 다음과 같습니다.

내 이름:

내가 선택한 동료의 이름:

각자 투표용지에 자신의 이름, 자신이 선택한 동료의 이름을 적어서 투표함에 넣도록 합니다. 투표가 끝나면 투표함 4개를 하나씩 차례대로 개봉합니다. 개봉하여 어떤 사람이 가장 많은 선택을 받았는지 공개하고, 가장 많은 선택을 받은 사람은 왜 자신이 그 질문에 대해 동료들로부터 선택을 받았을지 자신의 생각을 이야기합니다. 가장 많은 선택을 받은 동료를 적어서 제출한 사람들은 각각 +1 포인트를 획득합니다. 모든 투표함을 개봉하여 이와 같이 진행하고, 최종적으로 가장 높은 포인트를 획득한 참가자가 우승합니다. 단, 예시에서는 투표함이 4개여서 최고 점수가 4점입니다. 따라서 공동 우승자가 여러 명 나올 수 있습니다.

**Bill Gates
says**

우리 모두는 우리에게
피드백해줄 사람이 필요하다.
피드백을 통해 우리는 성장한다.

탐색 & 숙고

1 심드렁함을 버리고 관심, 집착을 끌어내는 규칙

　교육, 훈련의 목적으로 구성원들에게 특정 주제에 관한 각자의 생각을 정리하도록 하는 경우가 있습니다. 예를 들어 '우리 조직의 핵심가치 중 가장 중요한 요소 3개를 뽑고, 그렇게 생각하는 이유를 적어보세요.' 이런 질문을 담은 설문지를 나눠줍니다. 핵심가치가 10개 정도 있다면, 상당수의 응답자는 표준 답안, 모범답안이 무엇일지를 먼저 머릿속에 그린 후 자신의 생각을 거기에 맞추려고 하는 경우가 있습니다. 자신이 깊은 곳에 간직한 생각을 끄집어내기보다는 편한 방법으로 정답을 적어내려는 경향입니다. 생각, 고민의 대상에 관한 깊은 관심, 집착이 형성되지 않는 상황입니다. 이런 상황을 바꿔보기 위한 두 가지 콘텐츠를 소개합니다.

먼저 메이플라이Mayfly 인생 카드 콘텐츠를 소개합니다. 이 콘텐츠는 퀘스트스쿨www.questschool.kr 에서 구매하실 수 있습니다. 플레이어에게 다음의 내용을 깨닫고 생각하게 유도하기 위해 이 콘텐츠를 만들었습니다.

◆ 이제까지 자신이 삶의 핵심 가치가 무엇인지에 관한 고민이 부족했음을 깨닫게 하기
◆ 각자 자신 삶의 핵심 가치가 무엇인지 생각해보게 하기
◆ 다른 구성원들은 어떤 가치를 중요하게 생각하며 살아가는지 들어보게 하기

메이플라이의 오리지널 버전은 빅게임으로 개발되었습니다. 빅게임 메이플라이는 제가 대학에서 학생 진로 상담을 하다가 만들게 된 콘텐츠입니다. 대부분 대학에서 교수들은 매 학기 10~20명 정도의 학생들을 배정받아 진로 관련 상담을 합니다. 수년간 상담을 하면서, 학생들이 자주 묻는 질문, 반복되는 고민거리를 뽑아봤습니다. 대략 이런 질문들이 많이 등장합니다. '집안 형편이 어려운데, 휴학하고 일을 할까요?', '전공 공부를 시작해보니, 적성과 안 맞는 것 같아요.', '삶에 대해 아무런 의욕이 없어요.', '부모님께서 원하시는 진로가 제 생각과 달라요.', '대학원 진학, 취업, 무엇을 하면 좋을까요?', '직장에서 싫은 업무를 맡게 되었는데 어떻게 하죠?', '내가 어쩌다가 이런 회사에

서 일하게 되었을까요?' 이런 주제를 놓고 학생들과 대화를 하다가 어느 날 문득 이런 생각이 들었습니다. '이런 수많은 질문의 뿌리는 무엇일까?' 저는 이런 질문들의 뿌리는 각자의 삶이 어떤 지향점을 향해, 어떤 가치를 추구하며 사는가에 관한 고민이라고 생각했습니다. 그런데 돌이켜보니 우리의 교육 과정 중 어느 지점에서도 나 자신을 돌아보고, 어떤 사람으로 살아갈까를 고민할 수 있는 기회는 없어보였습니다. 각자 자신을 돌아보고, 어떤 사람으로 살아갈까를 고민할 기회를 주기위해 빅게임 메이플라이를 만들었습니다. 빅게임 메이플라이는 넓은 교정, 연수원에서 플레이 가능한 콘텐츠입니다. 다양한 도구, NPC, 소프트웨어를 활용해서 100~300명 정도의 인원이 동시에 플

레이 합니다. 다음 그림은 교정에서 빅게임 메이플라이를 플레이하는 학생들의 모습입니다.

빅게임 메이플라이를 플레이한 학생들이 남긴 소감은 다음과 같습니다.

"이제까지 가치관을 확실히 정립하지 않고 살아온 것 같습니다."

"삶에서 우선순위로 두어야 될 가치가 무엇인지
생각하는 시간이었습니다."

"타인의 기대가 투영된 가치에 집착하는 나를 발견했습니다."

"현재의 삶에서 너무나 많은 부분들을 놓치고 있다는 것을 깨달았습니다."

"게임같이 아름다운 삶이었습니다."

그런데 빅게임 메이플라이는 플레이 진행에 과다한 도구, NPC 등이 필요하다는 단점이 있습니다. 그래서 이를 최대한 가벼운 인클래스 게임으로 만든 콘텐츠가 메이플라이 인생 카드입니다. 메이플라이 인생 카드 콘텐츠는 플레이에 30분 정도의 시간이 소요되고, 디브리핑에는 보통 30~60분 정도가 걸립니다.

본 게임의 플레이 가능 인원은 15~200명입니다. 구성품 한 세트로는 15명이 플레이할 수 있으며, 구성품 수를 늘리면 200명까지도 진행자 한 명이 동시에 무난하게 플레이를 진행할 수 있습니다. 메이플라이 인생 카드는 앞서 설명한 slido.com의 기능과 연동하여 사용하면 더욱더 좋습니다. 메이플라이 인생 카드를 플레이한 후 slido.com을 통해 다양한 질문을 학습자에게 제시하는 방법입니다.

게임의 구성품은 핵심 가치 카드 125장 25종류 × 5세트, 생명 카드 45장입니다.

◆ 어떻게 플레이하면 되나요?

게임을 플레이하기 위해서는 모든 플레이어가 자유롭게 돌아다니며 서로 대화를 나눌 정도의 공간이 필요합니다. 모든 핵심 가치 카드를 잘 섞어서 각 플레이어마다 7장씩 나눠 갖습니다. 생명 카드는 플레이어마다 3장씩 나눠 갖습니다.

플레이어의 목표는 자신이 원하는 가치 카드를 많이 확보하는 것입니다. 이 게임에는 승패 조건이 없습니다. 플레이가 시작되면, 플레이어들은 자유롭게 돌아다니며 서로의 가치 카드를 보여주고, 서로 합의할 경우 가치 카드를 교환합니다. 교환은 일대일이 아니어도 됩니다. 예를 들어, 내가 가진 '창의성' 카드 1장을 상대방이 가진 '예술적 감각' 카드 1장과 교환하거나, 내가 가진 '권력' 카드 1장과 '명예' 카드 1장을 묶어서 상대방이 가진 '사랑하는 사람' 카드 1장과 교환해도 됩니다. 거래에 생명 카드를 활용해도 됩니다. 예를 들어, 내가 가진 생명 카드 1장을 상대방이 가진 '뛰어난 화술' 카드 1장과 교환하거나, 내가 가진 생명 카드 1장과 '유머 감각' 카드 1장을 묶어서 상대방이 가진 '현금 10억 원' 카드 1장과 교환해도 됩니다.

생명 카드는 각 플레이어의 수명을 의미합니다. 플레이 시작 시 모든 플레이어들은 3장의 생명 카드를 갖고 있으며, 3장의 생명 카드는 85세의 수명을 의미하며, 생명 카드 한 장은 5년을 상징합니다. 예를

◆◆◆

들어, 내가 교환 과정에서 생명 카드 한 장을 소비하여, 플레이 종료 시 생명 카드 2장을 갖고 있다면, 내 수명은 80세가 됩니다. 반대로 교환 과정에서 생명 카드 2장을 더 확보하여, 플레이 종료 시 생명 카드 5장을 갖고 있다면, 내 수명은 95세가 됩니다.

플레이어들은 게임 종료 전까지 최대한 많은 플레이어를 만나서, 서로가 가진 카드를 탐색하며, 교환 여부를 결정합니다. 정해진 시간이 되거나, 게임 진행자가 종료를 선언하면 게임은 끝납니다. 게임이 끝나면, 플레이어는 본인의 예상 수명을 계산합니다. 예를 들어, 현재 30세이고, 오늘 날짜가 2019년 10월 10일인데, 생명 카드를 4장 보유하고 있다면, 이 플레이어의 예상 수명은 90세_{85세+5년} 이며, 생을 마감하는 날짜는 오늘부터 60년 후_{90세-30세} 인 2079년 10월 10일이 됩니다.

디브리핑은 그룹 토론으로 진행합니다. 플레이어를 4~5명 단위의 그룹으로 모여 앉도록 합니다. 플레이어들은 각자가 선택한 가치 카드를 주제로 자신이 속한 그룹 내에서 이야기를 나눕니다.

◆ 당신이 선택한 핵심 가치 카드는 당신에게 어떤 의미가 있나요? 모든 가치 카드에 관해 이야기하면 소요 시간이 길어지므로, 본인이 선택한 카드 중에서 2~3개를 중심으로 이야기합니다.

◆ 당신이 선택한 핵심 가치 카드의 내용을 실현하기 위해 현재 당신은 어떤 노력, 준비를 하고 있나요? 앞으로 어떤 노력, 준비를 할 계획인가요?

◆ 게임에서 사용한 전체 핵심 가치 카드 25개 이외에 새로운 핵심 가치 카드를 당신 삶에 더한다면, 당신은 어떤 핵심 가치 카드를 원하나요?

◆ 당신의 친구, 동료, 부모님, 배우자, 자녀 중에서 한 명을 떠올려봅시다. 전체 핵심 가치 카드 25개 중에서 그 사람에게 3개의 핵심 가치 카드를 준다면, 어떤 카드를 왜 주고 싶나요? 그 사람이 그런 가치를 삶에서 가질 수 있도록, 당신은 곁에서 어떤 도움을 주고 있나요?

◆ 학습자들은 이 콘텐츠에 왜 몰입할까요?

실제는 아니지만 쉽게 던져버리기는 쉽지 않은 핵심 가치 카드, 실제는 아니지만 자신의 수명을 좌우하는 생명 카드, 각자가 가진 핵심 가치 카드와 생명 카드에 관한 판단이 서로 다른 상황에서 발생하는 협상과 교환이 이 콘텐츠의 재미 요소입니다. 메이플라이 인생 카드에서 제공하는 25개 핵심 가치 카드를 종이 설문으로 구성해서 참가자들이 그 중 7개를 체크하게 하면 어떨까요? 질문 자체가 흥미로우니 참가들이 어느 정도 몰입해서 7개를 고르기는 합니다. 그러나 앞서 설명한 규칙을 갖고 게임 형태로 플레이하는 경우에 비해서는 빠르게 선택해버립니다. 이유는 간단합니다. 25개 핵심 가치 카드에 대한 집착, 관심이 게임인 경우보다 설문인 경우가 훨씬 낮기 때문입니다. 또한 게임으로 플레이할 경우는 다른 참가자들의 카드를 둘러보고 그들

의 생각을 들어보며 자신의 생각도 깊어지게 되지만, 설문을 할 경우
에는 오롯이 자신의 판단만이 중요하기 때문입니다.

◆ 어떤 경우에 활용하면 좋을까요?

메이플라이 인생 카드는 구성원들에게 각자 자신의 삶이 어느 방
향으로 향하고 있는지 잠시 돌아볼 기회를 주는 목적으로 플레이하면
좋습니다. 제가 컨설팅 한 여러 기업, 기관에서 제게 이런 질문을 자주
합니다.

"구성원들이 조직의 방향성, 비전과 자신이 가진 개인의 방향성, 비
전이 잘 안 맞는다고 하네요. 이 부분에서 여러 가지 문제가 발생하는
데, 특히 입사한지 얼마 안 된 사원들이 이런 이유로 조직을 쉽게 떠나
기도 합니다. 이 경우 각자 어떤 생각을 갖고 있어서 조직의 방향성, 비
전과 안 맞는다고 여기는지 참 궁금합니다. 그래서 구성원들에게 개인
의 방향성, 비전이 뭐냐고 조사를 해보면 막상 응답을 잘 안 합니다. 제
추측으로는 각자의 방향성, 비전이 잘 정리가 안 되기도 했고, 또 그런
생각을 잘 공유하지 않으려고 하는 듯합니다. 이 문제를 어떻게 풀면
좋을까요?"

응답 방법이 주관식이건 객관식이건 중요한 포인트는 구성원들이
각자의 생각을 깊게 들여다보고 편하게 끄집어내는 상황을 만들어주

는 것입니다. 물론 이런 작업이 결코 쉽지는 않습니다. 메이플라이 인생 카드 규칙에 어떤 힘이 담겨 있을지 찬찬히 생각해보시면 해결의 실마리를 조금은 찾으시리라 기대합니다.

한 가지 힌트를 더 드리려고 합니다. 메이플라이 인생 카드는 여러 사람이 한 공간에 모여서 플레이하는 규칙입니다. 한 공간에 모이지 않고도 핵심 가치 목록에 관한 집착을 조금은 높일 수 있는
방법을 소개합니다. '사신死神과의 조우'라는 콘텐츠가 있습니다. 다음 QR코드를 스캔하시면 플레이가 가능합니다. 단계별로 넘어가기가 조금 어렵다는 분들이 계시는데, 각 단계를 넘기 위해 인터넷에서 이런저런 정보를 찾아보셔야 합니다.

다음으로 매치메이커Matchmaker 콘텐츠를 소개합니다. 이 콘텐츠는 학토재 happyedumall.com 에서 구매하실 수 있습니다. 이 콘텐츠는 리더십 교육에 관한 흥미를 높이고, 다양한 리더/팔로워 유형에 관한 이해를 돕는 게임입니다. 플레이어에게 다음의 내용을 느끼고 생각하게 만드는 것이 본 게임의 목표입니다.

◆ 팔로워 팀원에는 어떤 타입들이 있고, 그에 맞는 리더는 어떤 타입들이 있을까?
◆ 하나의 이상적 리더 타입이 모든 팔로워, 모든 상황에 효과적일까?

◆◆◆

◆ 나는 어떤 리더 타입에 가까울까?

◆ 앞으로 어떤 형태의 리더십을 내가 더 키워야 할까?

플레이 대상은 팀장, 중간관리자, 임원 등의 리더급 또는 예비 리더급 직장인이며 인원은 5~30명입니다. 플레이 시간은 30분 내외이며, 디브리핑은 30~60분 정도 소요됩니다. 게임 구성품은 매칭 보드 30장, 팔로워카드 120장24매, 5세트 , 리더카드 128장32매, 4세트 입니다. 다음 그림은 전체 팔로워, 리더카드 248장 중 일부 예시입니다.

◆ 어떻게 플레이하면 되나요?

모든 플레이어가 자유롭게 돌아다니며 서로 대화를 나눌 정도의 공간이 필요합니다. 게임 진행을 위해 게임에 플레이어로 참여하지 않

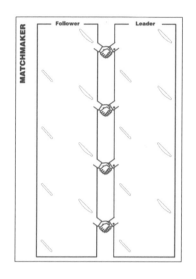

는 진행자 1명이 필요합니다. 각 플레이어에게 팔로워카드를 색상별로 1장씩, 총 4장을 나눠줍니다. 리더카드는 전체를 잘 섞어서 4장씩 나눠줍니다. 플레이어마다 매칭 보드를 1장씩 나눠주고, 매칭 보드의 왼편에 팔로워카드 4장, 오른편에 리더카드 4장을 꽂도록 합니다. 매칭 보드는 다음 그림과 같습니다. 꽂는 순서는 상관이 없습니다.

플레이는 30분 정도 진행합니다. 게임 진행자는 플레이어들의 대화, 거래 등을 관찰하여, 플레이 종료 시점을 정합니다. 플레이어의 목표는 자신이 보유한 팔로워카드에 가장 잘 맞는 리더카드 4장을 확보하는 것입니다. 플레이가 시작되면, 플레이어들은 자유롭게 돌아다니며 서로의 리더카드를 보여주고, 서로 합의할 경우 리더카드를 일대일로 교환합니다. 자신이 보유한 팔로워카드에 잘 맞는 리더카드를 확보해야 합니다. 팔로워카드는 교환할 수 없습니다.

왼편의 팔로워카드와 잘 맞는 리더카드를 확보했다고 생각하면, 그 팔로워카드 오른편에 리더카드를 꽂으면 됩니다. 플레이어들은 게임 종료 전까지 최대한 많은 플레이어를 만나서, 서로가 리더카드를 탐색

◆◆◆

하며, 교환 여부를 결정합니다.

정해진 시간이 되거나, 게임 진행자가 종료를 선언하면 게임은 끝납니다. 최종 점수는 다음의 공식 공식은 게임을 끝낸 후 공개 으로 계산합니다. 플레이어들이 각자 계산하게 합니다.

내가 보유한 팔로워카드 (성씨 기준)	내가 보유한 리더카드(성씨 기준)	
'ㄱ'으로 시작하는 팔로워	'ㄴ'으로 시작하는 리더(팀장)카드를 매칭시킨 경우	+2점
'ㄷ'으로 시작하는 팔로워	'ㄹ'로 시작하는 리더(팀장)카드를 매칭시킨 경우	+2점
	'ㅂ'으로 시작하는 리더(팀장)카드를 매칭시킨 경우	+1점
'ㅁ'으로 시작하는 팔로워	'ㅂ'으로 시작하는 리더(팀장)카드를 매칭시킨 경우	+2점
	'ㄹ'로 시작하는 리더(팀장)카드를 매칭시킨 경우	+1점
'ㅅ'으로 시작하는 팔로워	'ㅇ'으로 시작하는 리더(팀장)카드를 매칭시킨 경우	+2점

점수 계산 공식에 담긴 비밀은 내용을 좀 더 읽다 보면 알게 됩니다. 점수 계산은 다음의 예를 참고하기 바랍니다. A플레이어는 김상연 팔로워카드에 노팀장 리더카드를 매칭시켜서 +2점을 확보, 동성진 팔로워카드에 반팀장 리더카드를 매칭시켜서 +1점을 확보, 마동미 팔로워카드에 나팀장 리더카드를 매칭시켜서 0점을 확보, 손준희 팔로워카드에 오팀장 리더카드를 매칭시켜서 +2점을 확보하여, 총 +5점이 되었습니다. B플레이어는 강진태 팔로워카드에 라팀장 리더카드를 매

칭시켜서 0점을 확보, 당준희 팔로워카드에 라팀장 리더카드를 매칭시켜서 +2점을 확보, 민명석 팔로워카드에 류팀장 리더카드를 매칭시켜서 +1점을 확보, 설수현 팔로워카드에 남팀장 리더카드를 매칭시켜서 0점을 확보하여, 총 +3점이 되었습니다.

디브리핑은 팀별 토론으로 진행합니다. 플레이어를 4~5명 단위의 팀으로 모여 앉도록 합니다. 플레이어들은 팀 내에서 다음의 주제를 놓고 의견을 나눕니다.

◆ 나는 어떤 기준으로 팔로워카드 & 리더카드를 매칭했는가?

◆ 지금까지 나의 리더십은 어떤 리더카드 리더십 유형 와 가장 유사했는가?

◆ 나와 함께 일하는 팀원들 중에는 어떤 팔로워카드 팔로워 유형 가 존재하는가?

　예: OOO팀원은 M1, XXX팀원은 M2

◆ 나는 앞으로 나의 팀원들에게 어떤 리더카드를 보여줘야 할까? 예: 나는 주로 모든 팀원들을 코칭형 리더십으로 대했으나, M1 상태인 OOO팀원에게는 일부 지시형 리더십이 필요하다고 생각한다. 그러나 OOO팀원을 지시형 리더십만으로 대하는 것은 적절하지 않다고 생각한다. 이유는 ~이다.

본 게임은 상황 대응 리더십 이론을 배경으로 합니다. 이 이론은 팔로워의 성숙도 또는 발달단계, 준비성 를 M1~M4의 4단계로 나누며, 각 단계별로 지시형 S1, 코칭형 S2, 지원형 S3, 위임형 S4 리더가 적절하다는 이론입니다. 즉, M1단계 팔로워에게는 S1단계의 리더, M2단계 팔로워에게는 S2단계의 리더가 잘 맞는다는 의미입니다. 이 게임의 팔로워 카드에서 성이 'ㄱ'으로 시작하는 팔로워는 M1단계, 'ㄷ'으로 시작하는 팔로워는 M2단계, 'ㅁ'으로 시작하는 팔로워는 M3단계, 'ㅅ'으로 시작하는 팔로워는 M4단계를 의미합니다. 리더카드에서 성이 'ㄴ'으로 시작하는 리더는 S1단계, 'ㄹ'로 시작하는 리더는 S2단계, 'ㅂ'으로 시작하는 리더는 S3단계, 'ㅇ'로 시작하는 리더는 S4단계입니다. 상황 대응 리더십 이론에 관한 보다 상세한 자료를 교강사가 직접 준비하여, 디브리핑 전후에 보충 설명하면 좋습니다.

◆ 학습자들은 이 콘텐츠에 왜 몰입할까요?

이 콘텐츠는 본질적으로는 4개의 문제 4개의 팔로워카드 가 있고, 각 문제별로 32개의 보기 32종류의 리더카드 가 있는 테스트입니다. 테스트로 진행할 경우 리더들은 자신이 평소에 생각하는 팔로워/리더의 관계, 자신의 리더십을 기준으로 판단하기보다는 수험생의 마음으로 정답을 얘기하고 끝내려 합니다. 자신의 손에 들어온 팔로워, 리더카드를 살펴보고, 다른 리더들이 가진 리더카드를 탐색하면서, 서로 의견을 나누게 됩니다. 그 과정에서 수험생 입장의 정답 찾기보다는 진정한 자신의 생각을 들여다보며 재미를 느끼고 몰입하게 됩니다.

◆ 어떤 경우에 활용하면 좋을까요?

이 콘텐츠는 다음의 경우에 활용하시면 좋습니다.

◆ 현업 리더 & 예비 리더를 대상으로 한 리더십 이론, 실습 교육의 전후

◆ 리더십 교육에 관한 흥미를 높일 때

◆ 리더들이 현업에서 여러 팔로워들을 대하며 갖는 고민을 게임으로 다시 돌아보게 만들 때

◆ 리더들이 자신의 리더십 타입을 스스로 파악하도록 도울 때

◆ 다양한 팔로워 유형에 따라 어떤 리더십을 발휘하는 게 좋을지 고민해보도록 유도할 때

이 콘텐츠는 여러 타입의 팔로워, 리더를 서로 연결하는 규칙입니다. 이 규칙을 응용하면, 다양한 의사결정 상황에 적용할 수 있습니다. 예를 들어 회사의 주요 사업 분야가 5개입니다. 각 사업 분야별로 주요 전략, 자원을 재배치하고자 합니다. 이에 구성원들이 어떤 생각을 갖고 있는지 파악하려고 합니다. 물론 정답은 없습니다. 매치메이커 규칙을 활용하여 구성원들이 자신에게 배분된 사업 분야 카드와 전략, 자원 카드의 최적 조합을 서로 논의하고 교환하며 찾도록 유도할 수 있습니다. 교환 작업이 끝나면, 디브리핑을 통해 왜 그런 판단을 했는지 표출하고 공유하도록 하면 됩니다.

•••

**Mother Teresa
says**

삶은 게임입니다. 즐기세요.
삶은 정말 소중합니다.
망치지마세요.

2 평범한 설문을 비범한 게임으로 풀어내는 규칙

조직에서는 구성원들에게 설문조사를 자주 실시합니다. 구성원들의 의견을 묻고자 하는 경우, 구성원 개인의 특성이나 성향을 파악하기 위해 설문을 진행합니다. 개인 특성이나 성향을 파악하기 위한 설문은 그 자체로도 구성원들에게 흥미를 주지만, 여기서는 그 흥미를 좀 더 높여주고, 설문 작업을 통해 구성원 상호 이해 수준까지 높일 수 있는 '무인도 생존 일지'를 소개합니다. 이 콘텐츠는 퀘스트스쿨www.questschool.kr 에서 구매하실 수 있습니다. 이 콘텐츠의 목표는 위기 상황에서 개인별로 어떤 판단을 하고, 대응하는지 파악하는 것입니다.

이를 통해 각자가 가진 전략과 사고의 차이를 이해하고, 서로 다른 전략과 사고가 하나로 모여졌을 때 더 큰 힘이 발휘된다는 사실을 이해시키는 목적의 콘텐츠입니다.

한 세트로 15~30명이 플레이할 수 있습니다. 그림과 텍스트가 표시된 아이템 카드가 총 20종 있으며, 같은 종류가 8세트씩 있어, 총 160장의 아이템 카드가 있습니다.

아이템 카드 160장을 잘 섞어서 내용이 잘 보이도록 교육장 중앙의 큰 테이블 또는 바닥에 펼쳐둡니다. 공간이 넓다면, 40장 정도씩 교육장의 네 테이블에 나눠서 두어도 좋습니다.

◆ 어떻게 플레이하면 되나요?

진행자는 플레이어들에게 무인도에 갇힌 상황을 설명합니다. 예를 들면 다음과 같습니다.

"우리 부서가 회사에서 최고의 부서로 선정되었습니다. 특별 보상으로 구성원 전체가 남태평양으로 여행을 가게 되었습니다. 비행기를 타고 바다 위를 날아가던 중, 갑작스러운 기상 악화로 우리 비행기가 바다 한 가운데 외딴 무인도에 불시착을 했습니다. 정신을 차려보니, 해변 모래사장 위에 우리가 타고 온 비행기가 비상착륙을 했네요. 혹시 비행기가 폭발할지도 모르니 속히 비행기에서 멀리 도망을 가야합니다. 주변을 둘러보니, 여러 물건 아이템 카드 이 있습니다. 이 중에서 다섯 개를 챙겨서 탈출해야 합니다. 무엇을 들고나갈지 각자 골라서 자리로 돌아가세요."

모든 플레이어가 아이템 카드를 함께 살펴보고, 2분 정도의 시간 내에 각자 아이템 카드를 5개씩 챙겨서 자리에 돌아오도록 합니다. 한 종류의 물건은 1개만 가져와야 합니다. 예를 들어, 석궁을 2~3개 집어오면 안됩니다. 장소가 비좁거나, 안전사고가 우려되면, 아이템 카드를 2~3묶음으로 나누고, 플레이어들도 2~3그룹으로 나눠서 진행하면 됩니다. 모든 플레이어들이 각자 5개의 물건을 챙겨서 자리에 돌아오면, 가져온 물건을 분류하도록 합니다. 물건 아이템 카드 위에는 의미를 알기 어려운 코드가 적혀있습니다. 코드의 맨 뒷자리 알파벳을 기준으

로 물건을 분류합니다. 예를 들어,
5인용 구명보트의 마지막 코드는
알파벳 "E"입니다.

코드가 같은 물건끼리 모아서,
E, M, S, V 중 가장 많은 코드대표코
드 가 무엇인지 찾습니다. 예를 들
어, E가 3개, S가 1개, V가 1개라면, 해당 플레이어의 대표 코드는 E
가 됩니다. 만약, 2개, 2개, 1개로 동률이 생긴다면, 다음의 해석을 보
고, 동률의 코드 중에서 본인이 원하는 타입을 선택합니다. E, M, S, V
의 의미는 다음과 같습니다. E Escape 는 섬에서 스스로 탈출하는 것,
M Mayday 은 외부의 구조를 기다리는 것, S Settlement 는 섬에 정착하는
것, V Vacation 는 섬에서 놀다가는 것이 각각 주목적입니다. 즉, E, M, S,
V는 무인도에 조난된 후에 각자가 취하는 전략적 행동을 의미합니다.
플레이어마다 포스트잇을 한 장씩 나눠줍니다. 포스트잇에 자신이 E,
M, S, V 중 각 타입을 몇 개 갖고 있는지, 어떤 타입이 자신의 주 타입
인지 적어서 제출합니다. 예를 들어 "김상균, E타입, E 3개, M 1개, S 1
개" 이렇게 적으면 됩니다.

디브리핑은 팀별 토론으로 진행합니다. 진행자는 플레이어들이 제
출한 포스트잇을 기준으로 최대한 서로 상이한 주 타입을 가진 사람

들을 한 팀으로 묶어줍니다. 한 팀을 4~5명으로 구성하면 됩니다.

팀이 보유한 물건 목록(개수)	예: 석궁 세트(2), 나침반(1)			
1일차 생존전략	계획: 걱정되는 요소:			
2일차 생존전략	계획: 걱정되는 요소:			
3일차 생존전략	계획: 걱정되는 요소:			
팀원들이 갖고 오지 않은 물건들 중에서 필요한 것이 3개 있다면?	물건			
	용도			

팀 편성이 끝나면, 편성 결과를 발표하고 팀별로 모여 앉도록 합니다. 팀원들이 보유한 아이템 카드를 모아서 전체 목록을 작성합니다. 보유한 아이템 카드를 활용해서, 1~3일차에 어떻게 살아갈지를 계획

◆ ◆ ◆

합니다. 팀원들이 갖고 오지 않은 아이템 카드들 중에서 꼭 필요한 것이 있다면 무엇이고, 그 용도는 무엇인지 정리합니다.

추가적으로 다음과 같은 의사결정을 하도록 합니다. 4명을 한 팀으로 구성했다면, 총 20개의 아이템 카드가 있습니다. 이 중에서 8개를 버리라고 합니다. '야생동물의 습격을 받아서 야영지를 이동해야 합니다. 짐이 많아서 이동이 힘듭니다. 아이템 카드 8개를 버린다면 왜, 무엇을 버려야 할까요?' 결정하는 과정에서 각자가 가진 생각을 나누고, 의사결정 성향의 차이를 경험할 수 있습니다. 실제 조직 문제와는 거리가 있는 스토리여서 모든 구성원들이 실제 문제를 갖고 토의하는 경우보다는 좀 더 편한 마음으로 의견을 나누게 됩니다.

◆ 학습자들은 이 콘텐츠에 왜 몰입할까요?

간단한 그림과 텍스트이지만 카드 형태로 제작된 컴포넌트를 보면서, 단순히 종이에 인쇄된 목록을 보며 고를 때보다 더 큰 흥미를 느낍니다. 다른 동료들이 어떤 아이템 카드를 고르는지 탐색하는 것도 재미있습니다. 아이템 카드에 숨겨진 코드의 규칙을 파악하고 자신의 타입을 알아내는 과정도 즐깁니다. 또한 자신의 타입을 파악하는 데서 그치지 않고 아이템 카드를 모아서 다른 동료들과 이야기를 나누고, 의사결정하는 과정도 좋아합니다. 나만을 파악하기 위한 설문 조사가 아닌 동료들과 함께 즐기는 놀이가 되는 것입니다.

◆ ◆ ◆

◆ 어떤 경우에 활용하면 좋을까요?

교육, 워크숍 진행 전에 팀을 편성하고, 팀원끼리 서로의 특성을 파악하도록 하는 목적으로 사용하시면 좋습니다. 이 규칙을 응용하여 다른 종류의 성향 파악과 의사결정에 활용하셔도 좋습니다. 예를 들어 DISC 행동 유형을 파악한다고 가정합시다. 이 경우 DISC 네 개 타입에 관한 특성을 카드로 구성합니다. '조직에서 신규 프로젝트를 추진하는 상황에서 당신은 어떤 선택을 하겠습니까?'라는 질문을 놓고 참가자들이 고를 수 있는 아이템 카드를 DISC 네 개를 기준으로 각각 5종류, 총 20종을 준비합니다. 그리고 20종의 아이템 카드를 8세트 제작하여, 총 160개의 카드를 만듭니다. 그 이후 규칙은 '무인도 생존 일지'와 유사하게 진행하면 됩니다.

*Eugene Ionesco
says*

이데올로기는 우리를 분열시킨다.
꿈과 괴로움은 우리를 하나로 묶는다.

역할 & 경험

1 흩어지면 죽는다는 사실을 깨우쳐주는 규칙

가치관, 사고방식을 전환하기 위한 콘텐츠를 원하는 기업, 기관들이 참 많습니다. 여기서는 구성원들의 단결, 이타심, 협동심을 주제로 한 간단한 콘텐츠를 소개하겠습니다. 이 콘텐츠는 작전을 잘 세워서, 팀과 전체 구성원들이 많은 생산량을 만드는 것을 목표로 합니다. 적정 플레이 인원은 30~40명 정도이며, 10개 정도의 팀으로 나눠서 게임을 진행합니다. 게임 도구는 생산량 장부 10장, 포커 카드 1세트 입니다.

턴	우리 팀이 손에 쥔 빨강 카드 수 × 2점	진행자가 회수한 카드 중 빨강 카드 수 × 1점	합계
1			
2			
3			
4			
5			
6			
총점			

◆ 어떻게 플레이하면 되나요?

팀별로 나눠서 앉습니다. 팀별로 생산량 장부를 하나씩 나눠줍니다.

팀별로 포커 카드를 검은색 2장, 빨간색 2장씩 나눠줍니다. 카드의 무

늬, 숫자는 무관합니다. 색상만 중요합니다.

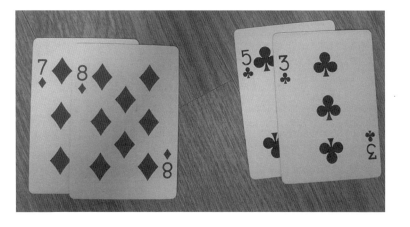

진행자가 참가자들에게 다음의 게임 규칙을 설명해줍니다.

"여러분은 세계적인 로봇 제조 기업인 '케이 로보틱스'의 직원입니다. 여러분이 소속된 각 팀은 케이 로보틱스의 생산부서입니다. 이 게임은 총 6턴으로 진행됩니다. 매 턴마다 팀별로 토론할 시간을 2분 정도 드릴 겁니다. 각 팀은 매 턴마다 자신 팀이 갖고 있는 4장의 카드검정 2, 빨강 2 중에서 2장의 카드를 선택해서 책상에 엎어두면 됩니다. 어떤 카드를 선택했는지 다른 팀이 모르게 해야 합니다. 나머지 2장은 팀원 중 한 명이 손에 쥐고 있으면 됩니다. 진행자는 교육장을 돌아다니면서, 각 팀이 책상 위에 엎어둔 카드를 카드 색상이 안 보이게 회수할 것입니다. 턴이 끝나면 회수한 카드를 각 팀에 그대로 돌려드립니다. 즉, 진행자에게 제출한 카드는 매 턴마다 리셋되어 각 팀은 그대로 검정 2장, 빨강 2장을 다시 갖게 됩니다. 모든 팀의 카드를 회수하면 진행자는 회수한 전체 카드 중 빨간 카드의 개수를 공개합니다. 어떤 팀이 빨간 카드를 제출했는지는 공개하지 않습니다. 예를 들어 전체가 10개 팀인데, 모든 팀이 빨간 카드를 2장씩 냈으면, 진행자의 손에는 20장의 빨간 카드가 있게 됩니다. 한 턴에 각 팀이 획득하는 점수 합계는 이렇게 계산합니다.

본인 팀이 진행자에게 제출하지 않고, 손에 쥐고 있는 빨간 카드 개수 × 2 + 진행자가 회수한 모든 카드 중 빨간 카드의 개수 × 1

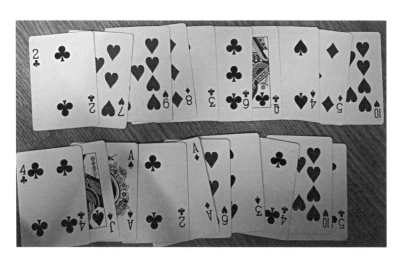

　예시로 다음의 그림을 봅시다. 진행자가 회수한 카드 중 빨간 카드
는 8개입니다. A팀은 자신의 손에 빨간 카드 1장, 검은 카드 1장을 쥐
고 있으며, B팀은 자신의 손에 빨간 카드 2장, 검은 카드 0장을 쥐고
있습니다. 이 경우 A팀의 점수는 $1 \times 2 + 8 = 10$점이고, B팀의 점수는
$2 \times 2 + 8 = 12$점입니다.

　한 턴이 끝나면, 생산량 장부에 팀 별로 점수를 기록합니다. 기록하
는 점수를 다른 팀에게 보여주면 안 됩니다. 한 턴이 끝나면, 진행자
는 회수한 카드를 각 팀에게 다시 그대로 돌려줍니다. 이 과정을 반복
해서, 총 6턴을 진행합니다. 6턴을 마치면, 팀별로 총점을 계산하여 공
개합니다. 6턴이 모두 끝나기 전까지는 팀별 점수를 공개하지 않습
니다."

여기까지의 규칙을 게임 시작 전에 모든 플레이어에게 설명해주면 됩니다. 주의할 점이 두 가지 있습니다. 첫째, 진행자는 한 턴이 끝나고 나면, 각 팀으로부터 받은 카드를 그대로 돌려줘야 하므로 앞의 그림과 같이 회수한 카드를 회수한 순서대로 가지고 있어야 합니다.

둘째, '우승 조건'이 무엇인지 먼저 언급하지 않습니다. 이 책을 읽고 있는 독자께서는 이 게임의 우승 조건이 무엇이라 생각하세요? 당연히 우리 팀의 생산량이 다른 팀에 비해 높아지는 상황을 만드는 것이라고 생각하실 듯합니다. 이 게임의 핵심 포인트는 바로 이 부분입니다. 게임 규칙의 맨 앞부분에는 이런 설명이 있었습니다.

"여러분은 세계적인 로봇 제조 기업인 '케이 로보틱스'의 직원입니다. 여러분이 소속된 각 팀은 케이 로보틱스의 생산부서입니다."

각 팀의 목표는 무엇이 되어야 할까요? 이 부분을 생각하게 하는 것이 이 게임의 플레이 목적입니다. 각 팀의 목표는 케이 로보틱스의 전체 생산량을 높이는 것이어야 합니다. 각 부서가 상대적으로 다른 부서보다 높은 생산량을 높이는 것이 중요하지 않다는 의미는 아니지만, 케이 로보틱스 구성원의 일차적 공동 목표는 로보틱스의 전체 생산량을 높이는 것이어야 합니다. 그런데 대부분의 경우 플레이어들은 그런 목표를 떠올리기보다는 상대적 우위를 점하는 전략을 택합니다. 만약 플레이 시작 시 '이 게임의 우승 조건이 뭔가요?'라는 질문을 하는 플레이어가 있다면, '생산량이 높아져야겠지요.'라는 정도까지만 답을 하시고, 추가 질문은 받지 않는 편이 좋습니다.

10개 팀이 게임을 진행했을 경우, 각 팀이 얻을 수 점수는 최저 24점, 최고 120점이 됩니다. 10개 팀 모두가 1~6턴 모두 검은 카드 2장을 진행자에게 제출했을 경우, 매 턴마다 각 팀이 4점을 획득해서, 총점이 24점 4점/턴 × 6턴 이 됩니다. 10개 팀 모두가 1~6턴 모두 빨간 카드 2장을 진행자에게 제출했을 경우, 매 턴마다 20점을 획득해서, 총점이 120점 20점/턴 × 6턴 이 됩니다. 10개 팀 모두가 24점인 경우, 케이 로보틱스의 생산량은 24×10=240이 됩니다. 10개 팀 모두가 120점인 경우, 케이 로보틱스의 생산량은 120×10=1200이 됩니다. 최저와 최고 생산량은 5배나 차이가 납니다.

10개 팀이 플레이한 경우 24점, 120점은 거의 나오지 않습니다. 수학적으로는 가능하지만, 사람들이 실제로 그렇게 행동하는 경우는 극히 드뭅니다. 중간 정도에서 위아래로 분산된 결과가 나올 겁니다. 일부 팀은 전체를 위해 좀 더 양보하고, 일부 팀은 이기심을 부린 결과입니다.

게임의 컴포넌트, 결과는 이런 것들을 상징합니다. 빨간 카드는 공동의 목표를 위한 양보와 기여를 의미합니다. 생산량은 공동 목표의 달성도를 상징합니다. 24점은 이기심으로 가득한 조직, 120점은 이타심으로 가득한 조직을 의미합니다.

다음의 주제를 놓고 팀별 토론을 진행한 후 각 팀에서 나온 의견을 전체적으로 공유합니다.

◆ 구성원 전체가 최대의 이익 높은 생산량을 얻으려면 어떤 전략이 필요할까?

◆ 위의 전략대로 움직이지 못한 이유는 무엇일까?

◆ 본인 팀을 희생해서 모두에게 이득이 되는 방향으로 움직인 팀이 있다면, 왜 그렇게 행동했을까?

◆ 우리 팀은 진행자에게 빨간 카드를 제출했는데, 다른 팀은 진행자에게 빨간 카드를 제출하지 않았을 때, 어떤 생각이 들었나?

◆ 반대로, 우리 팀은 빨간 카드를 손에 쥐고 있는데, 다른 팀이 진행자에게 빨간 카드를 제출했을 때, 어떤 생각이 들었나?

이 게임의 규칙을 조금만 변형하면 좀 더 드라마틱 한 플레이를 유도할 수 있습니다. 앞서 규칙에서는 총 10개 팀을 만들었다면, 이번에는 총 16개 팀을 만듭니다. 모든 팀의 구성원 수가 서로 같을 필요는 없으므로, 16으로 나눠지는 인원수가 아닐 경우에는 각 팀을 2명, 3명 이렇게 다르게 해도 됩니다. 16팀을 구성했다면, 이를 8팀씩 두 그룹

◆◆◆

으로 나눕니다. 그리고 이렇게 얘기합니다.

"집계를 편하게 하려고, 플레이 그룹을 둘로 나누겠습니다.
1~8팀은 케이 로보틱스, 9~16팀은 와이 로보틱스의 생산부서입니다."

이후에는 케이 로보틱스, 와이 로보틱스에 속한 팀별로 카드를 회
수하여 점수를 별도 계산합니다. 진행자가 2명이라면, 교육장 공간을
앞뒤 반으로 나눠서 두 진행자가 각각 케이 로보틱스, 와이 로보틱스
의 게임을 진행하면 됩니다. 매 턴의 진행 속도를 서로 맞추고, 두 기
업에서 매 턴마다 회수되는 빨간 카드 수도 서로 들을 수 있게 합니
다. 이렇게 플레이하면 예를 들어 다음과 같은 상황이 발생합니다. 케
이 로보틱스에서는 1팀이 생산량 110으로 가장 높은 점수를 기록했

케이 로보틱스		와이 로보틱스	
팀	생산량 합계	팀	생산량 합계
1	110	9	80
2	75	10	95
3	52	11	80
4	48	12	75
5	54	13	90
6	35	14	85
7	48	15	95
8	43	16	85
총점	465	총점	685

으며, 와이 로보틱스에서는 10팀과 15팀이 생산량 95로 가장 높은 점수를 기록했습니다. 그런데 케이 로보틱스의 생산량 총합은 465, 와이 로보틱스의 생산량 총합은 685입니다. 케이 로보틱스와 와이 로보틱스 중 어느 기업이 더 좋은 전략으로 움직였다고 생각하는지 플레이어들이 생각하도록 합니다.

◆ 학습자들은 이 콘텐츠에 왜 몰입할까요?

이 게임은 규칙이 매우 직관적이며 단순합니다. 플레이를 시작하면 대부분의 플레이어들은 자신 팀의 점수를 상대적으로 높게 유지하고자 노력합니다. 일부 플레이어들은 빨간 카드를 진행자에게 제출하여 전체 생산량을 높이려 시도하지만, 자신의 바람대로 다른 팀이 잘 움직여주지 않는 상황에 답답해합니다. 이 게임은 플레이어들이 조직 내에서 일상적으로 경험하는 상대적 우위 점하기를 게임의 목표로 인식하도록 유도하여, 플레이에 쉽게 빠져들게 만듭니다. 또한 일부 플레이어들이 보여주는 호의를 서로 어떻게 해석하느냐, 반응하느냐가 게임적 재미를 더합니다.

◆ 어떤 경우에 활용하면 좋을까요?

조직 구성원들이 개인, 팀, 전체 조직 차원에서 목표를 어떻게 인식하고 있는지 돌아보게 하는 목적으로 플레이하면 좋습니다. 개인, 팀 간의 협력이나 배려가 조직 내에서 부족해지는 원인을 찾아보도록 해도 됩니다. 원인을 찾아보고, 그런 원인을 해소하기 위해 업무 시스템, 문화 등을 어떻게 개선해야 할지 논의하면 더욱더 좋습니다.

시중에 이런 규칙을 바탕으로 만들어진 보드게임, 빅게임이 몇 종 보입니다. 스토리라인이 추가되고 컴포넌트가 풍성해졌으나 기본 규칙은 이 게임의 틀과 같습니다. 지금 설명드린 게임에 관해 더 궁금하시다면, 게임이론을 다룬 전문 서적에서 공공재 게임을 찾아보시기 바랍니다.

이 콘텐츠는 제가 담당한 학부 교과목에서 플레이하는 강의실용 빅게임 '10억 원의 가치'입니다. 본 콘텐츠는 산업공학과 전공 교과목인 '기술 혁신' 교과목 중 동기부여, 보상체계 이론을 실습하는 게임입니다. 구성원들의 직무가 인사 분야가 아니어도, 구성원의 동기 요소와 보상 시스템에 관한 생각을 나누는 데 도움이 되므로 구성원들과 함께 플레이해보시면 좋습니다. 또는 콘텐츠를 진행하는 방법을 참고, 변형하셔서 다른 주제의 교육 프로그램에 접목해보셔도 좋습니다.

◆ **어떻게 플레이하면 되나요?**

참가 인원은 총 35명입니다. 각 팀을 5명으로 묶어서, 총 7개 팀을 만듭니다. 그런 후에 세계 7대 경영 컨설팅 회사의 목록을 보여줍니다. 팀별로 하나의 컨설팅 회사 역할을 맡습니다.

2017 Rank	Counsulting Firm	Score
1	McKinsey	9.031
2	Boston Consulting Group	8.673
3	Bain & Company	5.554
4	Deloitte Consulting	6.987
5	Booz Allen Hamiton	6.564
6	PwC	6.530
7	EY	6.195

팀별로 컨설팅 회사를 고르면, 구성원들이 부착할 회사 명찰을 나눠줍니다. 가슴에 부착하면 사진의 우측과 같은 모습이 됩니다. 이제부터 학생들은 산업공학과 2~3학년이 아닙니다. 글로벌 컨설팅 회사의 구성원입니다.

컨설팅 회사들이 해결해야 할 공통 미션을 공개합니다. 미션의 내용은 다음과 같습니다.

OO대학 공대를 졸업한 J는 경영학과 졸업생과 함께 인터넷상에서 초등학생부터 대학생까지의 회원을 대상으로 그들의 적성, 진로, 학업, 교우관계 등을 점검 및 관리해주는 서비스 기업을 설립하였다. 3년 전에 설립된 이 기업은 처음 2년 동안 적자에 시달렸으나, 올해에는 영업이익이 흑자로 전환되었다. 경영진은 내년도에 직원들을 위한 급여 및 보상 예산으로 총 10억 원을 할당할 계획이다.

회사의 개요는 다음과 같다.

● 자본금: 2억 원 (지분구조: 대표이사 50%, 이사 30%, 개인 소액

주주 10명 20%)

● 올해의 급여 및 보상 수준: 임직원 모두 IT서비스 업계 평균을 조금 밑도는 수준의 급여만 연봉 형태로 제공했으며, 급여 외의 보상 시스템은 없음

● 임직원 현황
- 인원수: 정규직 12명, 비정규직 3명
- 대표이사(정규직): 33세, O대학 공대 졸업, 여성
- 이사(정규직) 33세, O대학 경영학과 졸업, 남성
- 서비스 시스템 개발 및 운영 업무(정규직): 20대 후반~30대 중반의 미혼 남녀 5명
- 서비스 시스템 설계, 경영지원 업무(정규직) 30대 중반~40대 초반의 기혼 남녀 5명
- 비정규직 인턴: OO대학 2~4학년 3명

● 임직원의 출신, 거주지 및 전공
- 경영진을 제외한 정규직 10명은 모두 OO대학 출신이 아니며, 각각 타 대학 출신임
- 임직원들의 전공은 공학, 경영학, 심리학, 교육학, 철학, 법학 등 매우 다양한 구성임

● 임직원의 평균 재직 기간: 1.5년 (정규직 기준)

● 중단기 경영 계획
- 내년: 임원진 1명 보강(직장인 대상 서비스 준비), 종업원 5명 보강(고객 증가 대비)
- 내후년: 직장인 대상 서비스 오픈, 종업원 5명 보강(고객 증가 대비 및 경영지원 보강)

제시된 기업에 맞는 보상시스템을 설계해주는 컨설팅을 수행하는 것이 각 컨설팅 회사에게 주어진 미션입니다. 컨설팅 회사별로 보고서 양식을 나눠줍니다. 최종 컨설팅 결과를 어떻게 평가할지도 공개합니다.

각 컨설팅 회사는 10억 원의 예산_{앞서 제시한 미션 내용 참조} 을 가지고 이 고객사의 보상체계를 설계해줘야 합니다. 컨설팅을 효율적으로 진행하기 위해서, 컨설팅 회사는 고객사의 주요 인력들에 관한 인터뷰 자료가 필요합니다. 인터뷰 자료는 다음의 그림과 같습니다.

그림의 이미지를 출력해서 3단으로 접으면 파일철 모양이 됩니다.

"내 지분을 직원들에게 분배할 의향도 있습니다. 다만, 그냥 주는 것은 형평성에 맞지 않다고 생각합니다. 만약 직원들이 주식 지분을 원한다면, 내 지분을 주당 3만 원(액면가 5천 원) 정도로 계산해서, 회사에서 매입하여 직원들에게 배분하는 방법 정도면 좋다고 봅니다. 내 지분 중에서 최대 ¼까지는 그렇게 할 의향이 있습니다."

"당장 직원들이 급여에 너무 집착하지 않으면 좋겠습니다. 회사의 발전 가능성을 보고 좀 더 기다리는 자세가 필요합니다."

"글로벌 기업처럼 넓고, 높게 보는 시각이 필요한데, 답답하네요."

"인턴들의 업무 능력도 마음에 듭니다."

"회사 규모가 아직 작아서 어느 정도는 이해가 되지만, 그래도 회사에서 직원 가족들도 좀 배려해서, 여러모로 챙겨주는 프로그램이 있으면 좋겠습니다. 대기업 다니는 친구들 보면 회사에서 심하게 부려먹지만, 반면에 챙겨주는 것도 많아서 부럽기는 합니다."

"아이가 크고, 교육비나 주거비가 증가할 것을 생각하면, 나도 몇 년 내에 급여가 더 높은 기업으로 움직여야 하는지 고민 중입니다. 이런 얘기는 사장님께는 절대 옮기지 말아주세요."

"직원들이 뭔가 소속감이나 결속력이 낮은 느낌이 많이 듭니다."

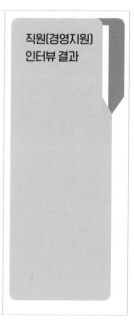

"뭐, 급여는 좀 낮은 편이지만, 반면에 업무가 아직 그렇게 빡세지 않아서 큰 불만은 없습니다."

"직원들 숫자가 적어서 그런지 나름 가족 같은 분위기 입니다. 물론 사장님, 이사님은 빼고요. 저희 개발 & 운영팀 멤버들끼리는 정말 잘 뭉쳐서 술도 마시고, 놀고 그렇게 지냅니다."

"음, 언제까지 다닐 것 같냐고요? 아직 잘 모르겠네요. 내년, 내후년에 큰 변화가 있다고 하는데, 그때 가서 생각해보려고요."

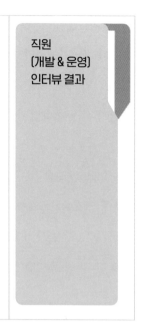

직원
(개발 & 운영)
인터뷰 결과

"제가 회사 경험은 별로 없지만, 이 회사는 좀 이상한 면이 있어요. 사장님, 이사님 말고는 회사에 크게 애착이 없어보입니다. 출신 대학이 달라서 그런지......"

"개발 & 운영팀의 형, 누나들이 저희를 많이 신경써주시는 편입니다. 아무래도 나이차가 적어서 그런 것 같아요. 그러다 보니 저희는 그분들의 영향을 많이 받고 있습니다."

"정직원 전환해준다면 일을 계속 하겠냐고요? 음, 글쎄요. 개발 & 운영팀분들에게 의견을 들어보고 결정하고 싶네요."

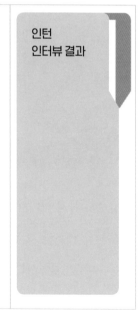

인턴
인터뷰 결과

임직원 인터뷰 자료는 컨설팅 회사별로 비용을 내고 열람할 수 있습니다. 단, 이때 사용하는 비용은 보상시스템에 사용되는 10억 원에서 차감합니다. 비용을 지출하여 정보를 얻을지, 보상시스템에 더 투자할지 결정해야 합니다. 다음 규칙으로 정보를 볼 수 있습니다.

◆ 인터뷰 자료를 가져가거나, 사진으로 찍거나, 옮겨 적지 못합니다. 한 명이 나와서 20초 동안 읽을 수만 있습니다.

◆ 다시 보고 싶으면 비용을 다시 지급해야 합니다.

◆ 획득한 정보를 다른 컨설팅 회사에 임의 금액으로 팔아도 됩니다.

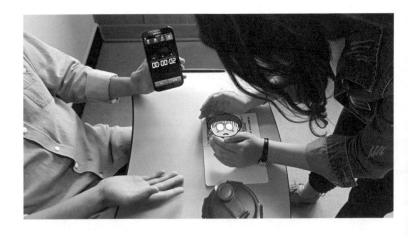

정보를 살지 말지, 어떤 요소를 고려할지, 고객사의 상황은 어떤지, 다양한 주제를 놓고 컨설팅 회사의 직원들은 몹시 바쁘게 움직이게 됩니다. 이 게임에서는 거래되는 대상이 정보 말고 한 종류 더 존재합니다. 6개의 권리증이 있습니다.

권리증	권리증	권리증
• Google 직무연수 참가 • 모든 직무 가능 • 3명까지 참가 • 개인별로 한달 연수 • 별도의 비용 일체 없음	• 애플 직무연수 참가 • 모든 직무 가능 • 5명까지 참가 • 개인별로 보름 연수 • 별도의 비용 일체 없음	• 전국 각지의 창조경제혁신센터 스타트업 라운지 무제한 사용권 • 회의공간, 음료등 전직원 무한, 무제한 사용 가능 • 전국에서 10개의 기업만 선정
권리증	**권리증**	**권리증**
• 노동부에서 추가 비용 일체 부담 • 전체 임직원 미국 실리콘밸리 일주일 탐방 캠프 • 실리콘밸리 기업 탐방 & 현지에서 여가 활동 • 노동부에서 10개의 스타트업만 지원	• 교육부에서 추가 비용 일체 부담 • 임직원 5명까지 전국의 초중고에 보름 동안 보조 교사로 투입되어 현장 체험 • 교사 & 학생 인터뷰 • 방문하는 학교가 있는 지역 현지에서 여가 활동 가능	• 유니세프 아프리카 청소년 지원캠프에 후원/참여 • 회사 단위로 참가 • 1년 동안 원격으로 아프리카 청소년 10명을 상담 • 보름 동안 직원 3명이 아프리카 파견 • 한국에서 5개 기업만 참여 • 별도의 비용 일체 없음

　　진행자는 권리증을 경매로 컨설팅 회사에게 판매합니다. 권리증을 구매한 컨설팅 회사는 권리증에 적힌 내용을 고객사의 보상시스템에 적용해줄 수 있습니다. 추가적인 비용은 발생하지 않으며, 진행자로부터 권리증을 낙찰 받는 데 지출한 비용만 차감하면 됩니다. 컨설팅 회사는 구매한 권리증을 다른 컨설팅 회사에 더 높거나, 낮은 가격으로 다시 팔아도 됩니다.

　　보고서를 준비하면서 각 팀은 서로가 가진 정보, 의견, 권리증을 놓고 다양한 상호작용을 만들어냅니다. 이러한 과정을 통해 개인, 팀별로만 과제를 진행하는 게 아니라 전체 구성원들이 서로의 생각을 나누게 됩니다. 각 컨설팅 회사의 결과물은 교수와 4명의 참관인이 함께 평가합니다. 평가 결과를 공개하고, 디브리핑하면서 게임을 마무리 합니다.

◆ 학습자들은 이 콘텐츠에 왜 몰입할까요?

정교하게 만들어진 것은 아니지만, 실제 컨설팅 기업의 로고를 가슴에 붙이면서 역할 놀이에 빠져들게 됩니다. 인터뷰 자료와 권리증에 비용을 지출하는 과정에서 팀 내에서 다양한 논의가 발생하고, 다른 팀과 정보와 권리증을 놓고 협상하는 과정에서 다른 팀의 생각을 알게 됩니다. 즉, 활발한 논의와 협상을 유도하는 규칙이 이 콘텐츠의 핵심입니다. 처음부터 인터뷰 자료와 권리증을 모든 팀에 나눠주고, 각자 문제를 해결하라고 했다면, 통상의 팀별 과제와 다를 바 없이 진행되었을 것입니다.

◆ 어떤 경우에 활용하면 좋을까요?

조직 내부의 문제를 놓고 고민하는 과정, 또는 특정 학습 주제를 깊게 들여다보게 만들기 위한 역할 놀이로 활용하면 좋습니다. '10억 원의 가치'에서는 모든 학습자들이 동일한 역할을 맡았으나, 학습자별 역할을 다르게 설정하면 더욱더 다양한 상호작용을 이끌어낼 수 있습니다. 예를 들어 '10억 원의 가치'를 변형하자면, 일부 학습자들에게 고객사의 직원 역할을 부여하고, 실제 고객처럼 생각하고 행동하며 컨설팅 회사를 상대하게 해도 좋습니다.

◆ ◆ ◆

**Oscar Wilde
says**

인간은 자신의 본모습일 때는
자신을 깊게 감춘다.
가면을 쓰면, 인간은 진실을 말한다.

"내일 죽을 것처럼 사세요.
그리고 영원히 죽지 않을 것처럼 배우세요."
Mahatma Gandhi

"게임 속 NPC에게도 역할이 필요합니다.
삶을 살아가는 이유가 필요합니다."
Scott Rogers("Level Up! The Guide to Great Video Game Design"의 저자)

HRD
GAMIFICATION

게이미피케이션,
레벨업을 원하시나요?

♠

PART
05

국내 오프라인
교육과정은?

　　게이미피케이션을 공부할 수 있는 석사, 박사 과정을 문의하시는 분들이 있습니다. 국외에는 게이미피케이션을 중요 트랙으로 다루는 대학원 과정이 여럿 있습니다. 예를 들어 학위 과정을 찾아주는 사이트인 FIndmasters에서 gamification을 검색하면 보통 수십 개의 과정이 오픈되어 있습니다.

　　구글에 syllabus for gamification 게이미피케이션을 다루는 강의계획서 을 검색하면 꽤 많은 자료가 나옵니다. 일예로 다음 자료는 정치, 비즈니스 & 커뮤니케이션의 게이미피케이션을 다루는 과목의 수업 계획서입니다.

•••

Course Syllabus

COURSE CODE:CMM241G

Gamification in Politics, Business & Communications:
An Interdisciplinary Approach

<u>**Number of ECTS credits:**</u> 6

<u>**Course Time:**</u> tbd

<u>**Contact Details for Professor**</u>

E-mail: gianluca.squeo@vesalius.edu

Office hours: Wednesday 13.00-14.00 in the VeCo Faculty Space (Please schedule an appointment <u>or</u> please feel free to email to schedule an appointment at another time).

그러면 국내에 게이미피케이션을 주요 트랙으로 다루는 대학원 과정이 있을까요? 제가 아는 선에서 국내에 그런 과정은 없습니다. 게이미피케이션을 연구하는 교수나 학자가 국내에는 그리 많지 않습니다. 게임에 관한 한국 사회의 부정적 인식, 게이미피케이션이라는 분야의 학문적 역사가 아직 길지 않다는 점, 그리고 게이미피케이션은 매우 융복합적 연구 분야인데 학문간 벽이 높은 국내 대학에서 융복합 연구가 쉽지 않은 점 등을 이유로 생각합니다. 그렇다고, 국내 학부나 대학원 과정에서 게이미피케이션을 다루는 교과목이 전무하다는 뜻은 아닙니다. 다만, 과목 수가 매우 부족하고, 한 학과나 전공에서 다양한 과목을 오픈한 경우는 거의 없어서, "국내에 게이미피케이션을 주요 트랙으로 다루는 대학원 과정이 있는가?"에 관한 답변은 "No"가 맞습니다.

◆◆◆

그럼 국내에 그런 과정이 생길 가능성은 없는가? 생긴다면 언제쯤 일까? 솔직히 저도 잘 모르겠습니다. 가능한 케이스는 두 가지로 봅니다.

◆ 케이스 1: 게임/콘텐츠 관련 학부에서 게이미피케이션 관련 대학원 트랙을 추가하는 접근
◆ 케이스 2: 교육학/교육공학/인적자원개발/리더십 · 코칭 관련 대학원에서 주요 트랙으로 게이미피케이션을 추가하는 접근

케이스 1은 게이미피케이션의 뿌리가 게임이기에 그런 것이며, 케이스 2는 게이미피케이션이 가장 활발하게 적용되는 분야가 교육, HRD분야이기 때문입니다. 요컨대 게이미피케이션을 오프라인에서 공부하시려면 아직까지는 국외의 대학원 과정 또는 국내의 비정규 워크숍에 참여하시는 방법이 있습니다.

Howard Gardner
says

교육의 대가가
너무 비싸다고 생각한다면,
무지의 피해가 얼마나 큰가를
생각해보라.

참고할만한 사이트,
자료는?

MOOC Massive Open Online Course 를 이용하는 방법이 있습니다. 아쉽지만 아직 K-MOOC에는 관련 콘텐츠가 없습니다. Coursera, Udemy, Edx 등의 해외 MOOC사이트에서 gamification을 검색하면, 다양한 콘텐츠를 접할 수 있습니다. 먼저, 무료 콘텐츠를 이용하거나, 미리 보기를 통해서 콘텐츠를 체험해보면 좋겠습니다.

오프라인 세미나에 참석해서, 현업의 이야기를 듣고, 다양한 참가자들과 의견을 나누면 도움이 되는데, 이런 행사 정보를 공유하는 커뮤니티에 가입해두시면 좋습니다. 페이스북의 경우 교육 게이미피케이션 포럼, 게이미피케이션 포럼, Beyond Serious Games_Gamification 등의 그룹에서 관련 정보를 공유하고 있습니다. 저의

페이스북 계정 ID: saviour2007 에도 관련 행사 정보가 있을 때마다 포스팅하고 있습니다.

참고하실 만한 책을 몇 권 정리하면 다음과 같습니다.

◆ **교육, 게임처럼 즐겨라** 김상균 저. 홍릉과학출판사 발간
◆ **게이미피케이션, 교육에 게임을 더하다** 칼 카프 저/권혜정 역, 에이콘출판사 발간
◆ Gamification in Learning and Education: Enjoy Learning Like Gaming"
   Sangkyun Kim Kibong Song, Barbara Lockee, John Burton 저, Springer 발간
◆ Explore Like a Pirate: Gamification and Game-Inspired Course Design to
   Engage, Enrich and Elevate Your Learners Michael Matera 저, Dave Burgess
   Consulting 발간

특정 분야를 깊게 살펴보려면, 책보다는 논문이 더 좋습니다. 구글 스콜라 scholar.google.co.kr 를 이용하면 다양한 논문을 쉽게 찾을 수 있습니다. 영어, 수학 교육의 게이미피케이션 방법을 묻는 분들이 많은데, 일예로, 구글 스콜라에 "gamification second language"라는 키워드로 검색을 하면, 외국어 교육 게이미피케이션에 대한 논문이 다양하게 검색됩니다.

게이미피케이션을 이론, 연구 차원에서 좀 더 깊게 들여다보고 싶으신 분들을 위해 제가 쓴 학술 논문 중 일부를 다음과 같이 소개합니다.

◆ A Badge Design Framework for a Gamified Learning Environment – Cases Analysis and Literature Review for Badge Design JMIR Serious Games, 2019.5 : 게이미피케이션에는 포인트, 뱃지, 리더보드 등이 많이 사용됩니다. 그중 뱃지를 어떤 기준으로 만드는 게 좋을지를 설명하는 논문입니다.

◆ Live Action Role-Playing Game for Training a Design Process of Startup Company Compensation Plan International Journal of Game-Based Learning, 2019.4 : 동기부여, 보상체계를 설계하는 과정을 역할 놀이 방식으로 훈련하는 콘텐츠에 관한 논문입니다. '4.4.2 시험을 멋진 컨설팅 프로젝트로 둔갑시키는 역할 놀이 규칙'에서 소개한 게임을 실험으로 분석했습니다.

◆ 불공정거래 시뮬레이션을 위한 슬픈 청바지 게임 – 기업가정신 교육을 위한 롤플레잉 디지털콘텐츠학회논문지, 2019.4 : 기업가정신 교육 게이미피케이션 콘텐츠인 슬픈 청바지 게임의 운영 사례 및 효과 분석에 관한 논문입니다.

◆ 게이미피케이션 설계를 위한 플레이어 유형별 PLEX 재미 경험 선호도 분석 디지털콘텐츠학회논문지, 2018.11 : 게이미피케이션 콘텐츠에 참가하는 학습자들의 게임플레이 성향 차이에 따라 어떤 재미를 주는 게 좋을까를 설명하는 논문입니다.

◆ Patterns Among 754 Gamification Cases – Content Analysis for Gamification Development JMIR Serious Games, 2018.11 : 총 754개의 게이미피케이션 콘텐츠를 종합적으로 분석하여 특징을 정리한 논문입니다.

◆ 게이미피케이션 앱의 의사소통 효과 – 앱 모두의 이웃을 중심으로 디지털콘텐츠학회논문지, 2018.7 : 같은 건물에서 일하는 사람들 간의 친밀도, 소통을 높여주기 위해 개발된 모두의 이웃 앱의 기능 소개 및 효과 분석을 다룬 논문입니다.

◆ 게이미피케이션 개발 방법론 – 4F Process 설계 및 비교 분석 디지털콘텐츠학회논문지, 2018.6 : 게이미피케이션 개발 방법론 몇 가지를 서로 비교, 분석한 논문입니다.

◆ 협력적 사고 함양을 위한 VR 게이미피케이션 콘텐츠 설계 및 검증 디지털콘텐츠학회논문지, 2018.5 : 청소년 가치관 교육용 VR 콘텐츠 개발 사례를 소개하는 논문입니다. VR을 교육 목적에 쓰고자 하시는 분들이 참고할만 합니다.

◆ Team Organization Method Using Salary Auction Game for Sustainable Motivation Sustainability, 2015.10 : 성인 학습에서 연봉 경매 게임을 적용한 교육 사례 및 효과를 분석한 논문입니다.

**E.M. Forster
says**

숙가락으로 떠먹이는 교육은
결국 우리에게 숙가락의 모양만
가르칠 뿐이다.

게이미피케이션 프로젝트를
추진하고 싶다면?

게이미피케이션 콘텐츠를 설계, 제작, 테스트하는 개발 과정을 설명하겠습니다. 크게 다음의 그림과 같은 흐름입니다.

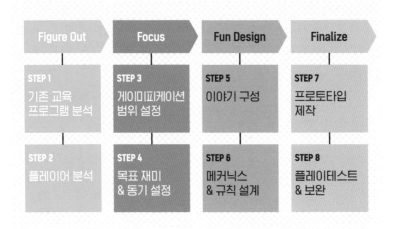

개발과정의 4단계는 현황 분석 Figure Out, 목표 설정 Focus, 게이미피케이션 설계 Fun Design, 마무리 Finalize 로 구성됩니다. 단계별 명칭의 영문 앞 글자를 따서 이를 4F 프로세스라 칭합니다. 4F 프로세스는 단계별로 각각 두 개의 스텝 Step 으로 구성됩니다. 즉, 4F 프로세스에는 총 8개의 스텝이 존재합니다. 이는 기존 교육프로그램 분석, 플레이어 분석, 교육 게임화 범위 설정, 목표 재미 & 동기 설정, 이야기 구성, 메커닉스 & 규칙 Rule 설계, 프로토타입 제작, 플레이테스트 & 보완입니다.

4F 프로세스의 8개 스텝은 통상 1번부터 시작하여 순차적으로 8번까지 진행되는 형태로 사용되지만, 때에 따라서는 특정 스텝을 배제하거나 스텝 간 순서가 바뀌기도 합니다. 따라서 여기서 설명하는 모든 절차, 내용을 준수해야 한다는 부담감을 느끼지는 않으셨으면 좋겠습니다. 콘텐츠를 제작하는 과정에서 이러한 큰 틀이 있다는 정도를 상기해주시면 됩니다.

Step 1 기존 교육프로그램 분석

본 스텝에서는 기존에 운영되는 교육프로그램의 현황을 파악합니다. 기존 교육 내용과 주제, 교육 방법, 강사와 학습자가 느끼는 감정 등을 분석합니다. 다음 질문들에 답한다고 생각하면 됩니다.

◆ 정확하게 누구를 교육하는가?

◆ 정확하게 무엇을 교육하는가?

◆ 학습 목표 LO: Learning Objective 가 구체적으로 무엇인가? 1, 2, 3, 4식으로 나열하면?

◆ 그래서 어떤 학습 성과가 나타나고 있는가? 1, 2, 3, 4의 달성 여부 체크는?

◆ HRD담당자, 강사의 요구사항 TR: Teacher's Requirement 은 무엇인가? 1, 2, 3, 4식으로 나열하면?

◆ 게이미피케이션이 적용된 사례가 있다면, 제대로 작동하고 있는가?

◆ 학습자 & 강사가 느끼는 감정은 어떠한가?

때에 따라서는 위의 질문 중에서 답을 달기 어려운 부분이 있습니다. 게이미피케이션이 적용된 사례를 묻는 항목 외에 답변하기 어려운 항목이 있다면, 기존 교육 프로그램의 교수 설계가 게이미피케이션 여부를 떠나서 명확하지 않다는 의미입니다. 기존 교육 프로그램의 현황을 정확하게 파악하지 못하면, 게이미피케이션의 목표를 명확하게 세우기 어렵습니다. 본 스텝을 게이미피케이션 콘텐츠의 방향성을 잡기 위한 준비로 인식하면 됩니다.

다음 그림은 강사, 학습자가 느끼는 감정을 8개로 구분합니다. 가로축은 강사, 학습자의 역량을 뜻합니다. 왼쪽에서 오른쪽으로 갈수록 역량이 높다는 뜻입니다. 세로축은 강사, 학습자가 도전할 학습 목표입니다. 아래에서 위로 갈수록 학습 목표가 높다는 뜻입니다. 그림의 위쪽 왼편, 즉 역량보다 학습 목표가 높은 경우에 흥분, 불안, 근심을 느낍니다. 그림의 아래쪽 오른편, 즉 학습 목표보다 역량이 높은 경우에 자신감, 느긋함, 지루함을 느낍니다.

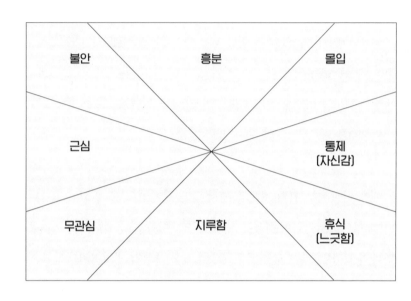

Step 2 플레이어 특성 분석

학습자의 특성을 분석하는 스텝입니다. 학습자의 인구통계학적 분포, 플레이어 유형, 선호하는 게임 및 게임 경험 등을 조사합니다. 다음 질문들에 답한다고 생각하면 됩니다.

◆ 인구통계학적 분포는?

◆ 플레이어 타입별 비율은?

◆ 선호하는 게임 종류는?

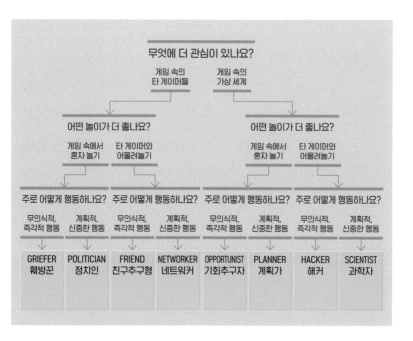

무엇에 더 관심이 있나요?

게임 속의 타 게이머들 / 게임 속의 가상 세계

어떤 놀이가 더 좋나요? / 어떤 놀이가 더 좋나요?

게임 속에서 혼자 놀기 / 타 게이머와 어울려놀기 / 게임 속에서 혼자 놀기 / 타 게이머와 어울려놀기

주로 어떻게 행동하나요? / 주로 어떻게 행동하나요? / 주로 어떻게 행동하나요? / 주로 어떻게 행동하나요?

무의식적, 즉각적 행동 / 계획적, 신중한 행동 / 무의식적, 즉각적 행동 / 계획적, 신중한 행동 / 무의식적, 즉각적 행동 / 계획적, 신중한 행동 / 무의식적, 즉각적 행동 / 계획적, 신중한 행동

GRIEFER 훼방꾼 / POLITICIAN 정치인 / FRIEND 친구추구형 / NETWORKER 네트워커 / OPPORTUNIST 기회추구자 / PLANNER 계획가 / HACKER 해커 / SCIENTIST 과학자

◆ 게임 플레이 경험 수준은?

◆ 경험해본 게이미피케이션은?

플레이어 타입에는 Bartle이 분류한 여덟 개의 유형을 사용할 수 있습니다. 기회추구형, 계획가형, 과학자형, 해커형, 네트워커형, 친구추구형, 훼방꾼형, 정치인형 중 학습자들이 가지는 분포를 파악합니다. 유형별 기본 특성은 다음과 같습니다.

◆ 훼방꾼: 다른 플레이어를 방해하면서 즐거움을 느끼는 유형입니다. 학습자 중 이런 유형이 1~2%수준이라면 큰 문제는 없으나, 5~10%수준이라면 사전

에 치밀하게 준비해야 합니다. 이런 타입이 많은 경우, 다른 학습자가 정상적으로 게이미피케이션 콘텐츠를 즐기기 어렵습니다. 훼방꾼을 예방하기 위한 사전 안내, 플레이 중 훼방을 발견하고 대응하는 규칙 등을 준비해야 합니다.

◆ 정치인: 앞날을 내다보고, 다른 플레이어를 지배하고 싶어 하는 유형입니다. 플레이 중 의사결정 상황에서 소수에게 결정권한이 집중되지 않도록 규칙을 조정하면 됩니다.

◆ 친구추구형: 오래된 친구를 소중하게 여기고, 깊게 알아가기를 좋아하는 유형입니다. 이런 유형은 일부 사람들과 긴밀하게 소통하는 콘텐츠를 좋아합니다.

◆ 네트워커: 새로운 친구를 사귀고 싶어 하는 유형입니다. 여러 학습자와 어울리는 형태의 규칙을 좋아합니다.

◆ 기회추구자: 다양한 방법을 찾으면서, 기회를 노리는 유형입니다. 게임 내에서 일정 수준의 자유도가 있는 것을 좋아합니다.

◆ 계획가: 목표와 목적을 미리 생각하고, 꾸준하게 밀어붙이는 유형입니다. 게임의 전체 흐름을 미리 예상하고 계획을 세우는 것을 좋아합니다.

◆ 과학자: 실험을 좋아하고, 원인을 규명하며 잘 설명하는 유형입니다. 게임 내의 복잡한 규칙, 퍼즐을 진득하게 논리적으로 파악하는 것 자체를 좋아합니다.

◆ 해커: 신기한 것을 좋아하고, 본능적 판단을 즐기는 유형입니다. 과학자 유형과 비슷하지만, 진득한 논리적 판단보다는 직관적 판단을 좋아합니다.

플레이어 타입을 조사하는 이유는 학습자들이 콘텐츠를 어떤 형태로 플레이할지, 무엇을 좋아할지 미리 예측하기 위함입니다. 예를 들어 훼방꾼이 10%, 과학자와 해커가 80% 정도 있는 학습자 집단이라면, 훼방꾼을 예방하고 대응하기 위한 세밀한 규칙이 필요하고, 과학자와 해커가 좋아할 만한 다양한 퍼즐과 일부 복잡한 규칙을 심어주면 좋습니다.

선호하는 게임 유형이나 게임 경험 수준을 파악하는 것은 게임의 장르적 특성과 난이도를 조절하기 위함입니다. 예를 들어 방탈출 카페에 관한 경험이 많은 20대층은 방탈출 규칙이 적용된 게이미피케이션 콘텐츠에 쉽게 적응하지만, 방탈출 카페라는 개념 자체를 잘 모르는 분들은 방탈출 개념이 적용된 콘텐츠를 접하면 당황하는 경우가 있습니다. 방탈출 규칙을 적용한 동일한 게이미피케이션 콘텐츠를 20대 집단, 40대 집단으로 나눠서 진행한 적이 있는데, 플레이를 마치는 데 20대 집단은 30분, 40대 집단은 50분 정도가 걸렸습니다.

Step 3 게이미피케이션 범위 설정

스텝 1에서 분석한 학습 목표, 스텝 2에서 파악한 플레이어 유형을 놓고, 게이미피케이션의 목표를 설정하는 스텝입니다. 다음 질문들에 답한다고 생각하면 됩니다.

◆ 게이미피케이션을 진행할 교육 콘텐츠의 범주는?

◆ 게이미피케이션을 진행할 학습 목표 GLO: Gamified Learning Objective 는? 1, 2, 3, 4식으로 나열하면?

◆ 게이미피케이션에 관한 HRD담당자, 강사의 요구사항 GTR: Gamified Teacher's Requirement 은? 1, 2, 3, 4식으로 나열하면?

◆ 각 학습 목표의 달성을 점검할 방법은?

◆ HRD담당자, 강사 요구사항의 각 항목에 관한 달성을 점검할 방법은?

◆ 게이미피케이션을 진행할 지식의 유형은?

◆ 목표 플레이 시간은?

◆ 게임의 유형은?

교육 게임을 개발한다고 해서 교육의 전체 영역을 게임으로 바꾸기는 어렵습니다. 게이미피케이션을 진행할 교육 콘텐츠의 범주를 결정하기 위해서는 다음 항목을 고려하면 됩니다.

◆ 학습자들이 흥미를 쉽게 잃는 부분이 어디인가?

◆ 학습자들이 오래 기억하기를 바라는 부분이 어디인가?

◆ 이론보다는 상호작용을 통해 이해하기를 바라는 부분은 어디인가?

Step 4 목표 재미 & 동기 설정

교육 게임을 통해 플레이어에게 어떤 경험을 줄지 결정하는 스텝입니다. 다음 질문들에 답한다고 생각하면 됩니다.

◆ 대상 플레이어들에게 적당한 재미는? 필수는? 보조는?

◆ 대상 플레이어들에게 부적절한 재미는?

◆ 대상 플레이어들을 움직이는 핵심 동기는?

목표 재미는 Korhonen이 제시한 PLEX 모델의 재미 경험 20가지인 매혹, 도전, 경쟁, 완성, 통제, 발견, 에로티시즘, 탐험, 자기표현, 판타지, 동료의식, 양육, 휴식, 가학, 감각, 시뮬레이션, 전복, 고난, 공감, 전율을 기준으로 설정하면 적당합니다. PLEX의 요소를 아이데이션에 사용하기 편하게 제작된 카드형 무료 도구가 있습니다. 핀란드 알토대학의 Andrés Lucero 교수가 만든 도구입니다. 이 사이트 www.funkydesignspaces.com/plex 에서 PDF를 받아서 쓰면 됩니다. PDF를 다운로드 한 후 두툼한 인화지에 출력하여 잘라서 사용하면 됩니다.

플레이어의 인구통계학적 특성, 게임 경험, 플레이 환경, 교육 주제 등을 종합적으로 고려하여, 핵심적 재미, 부수적 재미와 부적

절한 재미 요소를 설정하면 됩니다. 학습자들의 성향을 파악하여, 가급적 많은 학습자가 좋아하는 재미, 학습자들이 불편해하지 않을 재미 요소를 제공해주면 좋습니다. 재미는 음식의 맛과 비슷합니다. 어느 하나의 맛만 지나치게 강하거나 오래 경험한다면, 금세 질리게 됩니다. 하나의 교육게임을 플레이하면서 서로 다른 몇 개의 재미를 맛보게 해주면 좋습니다.

핵심 동기 측면에서는 외재적 동기* 및 내재적 동기**, 강화이론***, 피그말리온 효과****, 욕구위계 이론*****, 자기결정성 이론******, 성취목표 이론******* 등을 바탕으로 학습자들에게 어떤 동기를 심어줄 것인

---

* 환경적이고, 외부적 요인에 의해 영향을 받는 동기가 외재적 동기입니다. 외재적 동기는 목표한 성적, 타인의 보상 또는 처벌의 회피를 위해 본인의 내재적 의지와 관련 없이 무언가를 행하는 성향을 의미합니다.

** 인간이 외부와 상관없이 자기 스스로 내부에 지닌 개인적이고 내재적 요인에 기인하는 동기가 내재적 동기입니다. 내재적 동기는 개인의 취향, 흥미, 관심사에 따라 본인이 원하는 것을 찾아서, 능력을 발휘하고, 새로운 도전을 하는 성향을 의미합니다.

*** 특정한 행동이나 반응이 발생할 확률 또는 그러한 빈도를 높게 만드는 현상을 강화(Reinforcement)라고 합니다. 강화를 만들어내는 수단으로 작용하는 조건, 자극을 강화물(Reinforcer)이라 합니다. 강화와 관련된 유명한 연구로 Skinner의 비둘기 실험이 있습니다. Skinner는 상자 안에 레버, 모이접시, 모이방출구를 설치한 후 비둘기를 가둬두었습니다. 좁은 상자 안에서 다양한 움직임을 보이던 비둘기가 우연히 레버를 누르는 순간 방출구에서 모이가 나와 접시로 떨어졌습니다. 이러한 과정이 반복되면서 비둘기는 레버를 누르면 모이가 나오는 점을 학습하였습니다. 비둘기가 레버를 눌렀을 때 제공된 모이는 비둘기에게 계속 레버를 누르도록 강화물로 작용한 것입니다. Skinner가 연구한 이러한 학습이론을 강화이론이라고 부릅니다.

**** 피그말리온의 사랑에 감동한 여신 아프로디테가 조각상에 생명을 불어넣어 주고, 피그말리온은 여인을 아내로 맞이했다는 전설에서 유래되었습니다. 타인의 관심과 기대에 영향을 받아서 성취도가 높아지거나, 집중도가 높아지는 현상을 의미합니다. 내가 다른 사람에게 존중을 받고, 그 사람이 내게 기대하는 것이 있으면, 그 사람의 기대에 부응하기 위해 스스로를 변화시키는 경향이 있음을 뜻합니다.

***** 인간의 보편적 욕구를 정리한 이론입니다. 심리학자 Maslow가 제시한 욕구 5단계 이론이 유명합니다.

****** 자기결정성 이론(Self-determination Theory)은 처음에는 외재적 동기에 의했던 행동이 개인에게 내면화되면서 내재적 동기화되어, 마침내 자신이 스스로 결정하는 행동으로 바뀌는 것을 의미합니다. 쉽게 말해 무언가를 얻기 위해 했던 활동에서 흥미, 호기심 등을 느껴서 정말 그 활동을 좋아하게 되는 것입니다.

******* 성취목표 이론(Achievement Goal Theory)은 학습자들이 학습 과정을 통해 달성하려는 목표를 분류하는 이론입니다. 즉, 학습자들이 모두 동일한 목표를 가지고 학습에 참여하지는 않는다고 가정합니다. 학습자가 가지는 목표는 크게 숙달 목표(Mastery Goal), 수행 목표(Performance Goal), 회피 목표(Avoidance Goal)로 나뉩니다.

가를 결정해야 합니다. 예를 들어 학습자들이 욕구위계 이론의 사회적 소속감, 인정 및 존경 욕구가 강하다고 파악되었고, 성취목표 중 회피목표가 크다고 가정합시다. 콘텐츠를 설계할 때 학습자들의 회피목표를 최소화하면서, 소속감과 인정 및 존경 욕구를 자극해주는 장치가 제시되면 좋습니다.

Step 5 이야기 구성

이야기를 만들기 위한 기본 뼈대는 모험 이야기 12단계의 구조를 참조하면 적절합니다. 다음 12단계를 모두 따르라는 뜻은 아닙니다. 12단계를 참고해서, 그중 일부를 이야기에 녹여 넣으면 됩니다.

1단계 주인공은 원래 우리와 비슷한 삶을 살던 보통 사람이다.

2단계 어느 날 일상의 삶이 무너지는 엄청난 도전을 맞닥트린다.

3단계 그러나 쉽게 도전을 받아들이지 않고 거부하려 한다.

4단계 멘토를 만나 조언을 받는다.

5단계 일상의 삶을 버리고 모험의 길을 떠난다.

6단계 작은 시련이 영웅을 찾아오지만, 그로 인해 오히려 새로운 친구를 찾는다. 그러면서 자신을 서서히 연마해간다.

7단계 큰 좌절을 경험하고, 새로운 도전에 나선다.

8단계 생사의 갈림길을 경험한다.

9단계 타인의 도움, 숨겨진 능력 등으로 극적으로 살아남고, 큰 보상을 받는다.

10단계 다시 일상의 삶으로 돌아오지만, 아직 영웅이 풀어야 할 숙제가 있다.

11단계 최악의 위기와 문제에 직면하지만, 그동안 익힌 모든 것을 동원하여 결국 해결한다.

12단계 영웅은 박수를 받으며 일상의 삶으로 다시 돌아온다.

이야기의 주제는 학습자들에게 익숙한 현실의 이야기도 좋고, 반대로 현실의 이야기는 아니나 학습자들이 좋아하는 판타지 요소를 도입해도 됩니다. 예를 들어 기업경영과 관련된 게임이라면 다음과 같은 이야기를 생각할 수 있습니다.

◆ 학습자 중 일부가 회사의 CEO 역할을 맡습니다.

◆ CEO는 다른 학습자들을 대상으로 채용 과정을 진행합니다. 즉, 다른 학습자들이 직원 역할을 맡습니다.

◆ CEO와 직원 4~5명으로 구성된 가상의 회사를 설립합니다.

◆ 워크숍 과정을 회사의 업무처럼 진행합니다. 워크숍에서 풀어야할 여러 과제를 회사의 과업, 프로젝트와 같은 형태로 가상의 회사에 의뢰하는 방식입니다.

◆ 가상의 회사별로 과업, 프로젝트 진행 과정에서 기업의 조직구조에서 발생하는 다양한 문제를 간접 경험합니다. 이 과정에서 성공, 실패, 협력, 갈등 등 골곡요소를 여러 가지 넣습니다.

◆ 워크숍 말미에 기업의 인사 평가와 비슷한 방식으로 CEO와 직원을 상호 평가해봅니다.

좀 더 감성적인 스토리도 가능합니다. 기업가정신을 학습하는 게이미피케이션 콘텐츠 중에 'Voyager, 백 년의 여행자'가 있습니다.

이 콘텐츠는 인간의 삶을 백 년의 여행, 항해로 설정하고, 컴포넌트 디자인과 스토리를 풀어가고 있습니다. 기본 스토리는 다음과 같습니다.

◆ 승선, 여정의 시작: 콘텐츠의 목적과 규칙을 학습자들과 공유합니다.

◆ 바닷가에서: 내가 가진 욕구, 기업가정신을 파악하고, 함께 플레이하는 학습자들이 가진 욕구, 기업가정신을 탐색합니다.

◆ 원양을 향해: 학습에 함께하지 못한 누군가의 욕구, 기업가정신을 탐색하고, 각자가 바라보는 기업가정신의 차이점과 가치를 성찰합니다.

◆ 닻을 내리며: 학습한 내용을 전체적으로 정리하고, 이후의 학습 과정을 계획합니다.

모 기관의 시뮬레이션 플랫폼 사례를 소개합니다. 이 기관은 여러 개의 업무 상황을 놓고 구성원들이 효율적 의사결정을 내리는 훈련을 진행하고자 했습니다. 그런데 훈련하려는 업무 상황들 간에 연관성이 부족하고, 업무 상황에서 제시하는 내용이 너무 무겁고 진지하다는 점이 문제로 등장했습니다. 훈련에 참가하는 학습자 입장에서는 시뮬레이션 콘텐츠에서 재미보다는 부담감을 먼저 느끼는 상황이었습니다. 이 문제를 해결하고자 훈련 상황 전체를 하나의 커다란 이야기 구조로 바꾸었습니다. 다음의 그림과 같이 훈련 상황 4개를 놓고, 도입, 성공, 실패, 마무리 스토리를 구성하여, 이를 하나의 이야기 흐름으로 연결시켰습니다. 각 훈련 상황퀘스트 마다 학습자가 성공할 경우와 실패

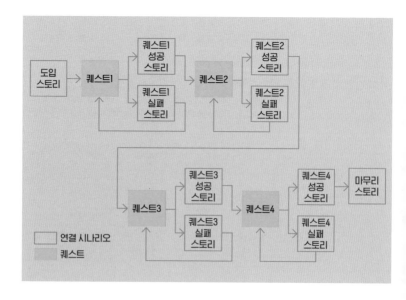

할 경우 서로 다른 이야기를 보여주었고, 실패 이야기는 자연스럽게 퀘스트를 반복하는 흐름으로 연결되도록 구성했습니다. 이런 흐름을 통해 학습자는 인터액션 소설^{********} 을 읽는 듯한 경험을 하게 됩니다.

1인칭 시점으로 실제 상황을 가정하여 이야기를 구성하여, 단독으로 시뮬레이션 플랫폼에 접속하는 상황에서 학습자의 몰입감을 높였습니다. 이 시뮬레이션 플랫폼의 도입 부분 중 일부는 다음과 같습니다.

> 낮에 내린 비 때문인지 계절에 맞지 않게 쌀쌀한 저녁이었다. 집으로 향하는 마지막 모퉁이를 도는데, 남루한 복장의 노인이 벽에 기대앉아 거친 숨을 몰아쉬고 있었다. 그냥 무시하고 갈까 하다가 노인이 내뱉는 바튼 기침에 발걸음을 멈췄다.
>
> "어르신 괜찮으세요? 어디 많이 아프세요?"
>
> 노인은 고개를 들어 나를 바라봤다. 노인의 거뭇거뭇한 얼굴에는 주름이 가득하고, 엉거주춤 걸친 듯이 입고 있는 점퍼는 의류수거함에도 못 넣을 정도로 낡아 보였다.
>
> "어르신, 혹시 가족들에게 제가 전화라도 해드릴까요?"

******** Interactive Novel, 독자가 주로 온라인상에서 내용을 읽으면서 이야기의 흐름을 선택(웹사이트의 하이퍼링크를 활용)해가는 소설을 의미합니다.

◆ ◆ ◆

노인은 말없이 그저 내 얼굴을 멍하니 바라봤다. 머쓱한 마음에 걸음을 한 발 띠는데, 노인이 입을 열었다.

"나도 예전에는 거기에 있었어. 그러고 보니, 대략 자네 정도 나이였지."

"네? 거기요? 혹시 저를 아세요?"

"알지. 알아야지."

"그게 무슨 말씀이시죠?"

"모두가 자네를 알게 될 거야."

"어르신 그게 무슨?"

"콜록콜록, 음, 좀 힘들구먼. 미안하지만 이 전화로 우리 집에 통화 좀 해주겠나. 단축번호 1번이야."

Step 6 메커닉스 & 규칙 설계

앞 스텝들에서 결정한 재미, 동기 요소, 이야기 등을 게임으로 표현하기 위한 메커닉스와 게임의 규칙을 설계하는 단계입니다. 여러분이 즐겼던 게임에는 어떤 메커닉스들이 있었나요? 게임 내에서 무언가를 수행해서 포인트를 얻고, 포인트를 모아서 아이템을 구매하며, 아이템을 이용해서 다음 미션을 수행하고, 그러다가 경험치가 쌓이면 레벨이 올라가는 구조. 이런 식의 경험을 해봤을 겁니다. 게임마다 구성이 다르지만, 기본 메커닉스는 비슷합니다. 게임 속에는 일반적으로 다음과 같은 요소들이 있습니다.

◆ 나 & 동료: 게임 속 플레이어들을 서로 보여주는 요소
◆ 퀘스트: 게임 내에서 플레이어들이 풀어야 할 의무/선택적 과제

◆ 보상 & 회피: 긍정적인 플레이 결과에 대한 보상 & 부정적인 플레이를 막기 위한 회피 장치

◆ 계획: 보상을 주는 방법 고정 vs. 변동, 기간 vs. 비율

이 요소들을 여러분이 디자인하는 게이미피케이션 콘텐츠에서 모두 사용할 필요는 없습니다. 그렇게 해서도 안 됩니다. 좋은 게이미피케이션 콘텐츠는 최소한의 메커닉스로 의미 있는 플레이를 끌어내는 콘텐츠입니다. 메커닉스는 그 자체로는 별다른 기능을 하지 못합니다. 메커닉스는 게임의 규칙을 작동시키기 위한 도구입니다. 예를 들어 농구경기를 살펴보면, 농구공, 골대, 전광판 등은 메커닉스입니다. 여기

에 파울 규정, 선수교체 방법, 경기 시간, 3점 슛 등의 규칙이 더해져서 게임이 작동합니다. 만약에 손이 아닌 발만 써서 농구를 진행한다고 규칙을 바꾸면 어떻게 될까요? 반대로 메커닉스에 해당하는 전광판을 없애면 어떻게 될까요? 두 경우 모두 완전히 다른 양상으로 게임이 전개됩니다.

그렇다면 콘텐츠를 설계할 때, 메커닉스와 규칙 중에서 무엇이 더 다양하고 복잡할까요? 메커닉스보다는 게임의 규칙이 더 다양하고 복잡합니다. 이제까지 플레이해봤던 보드게임을 떠올려봅시다. 보드게임의 메커닉스는 컴포넌트로 나타나는데, 대부분 주사위, 진행판, 카드, 게임 말 등으로 비슷합니다. 하지만 각각의 보드게임은 서로 다른 규칙으로 작동합니다. 즉, 메커닉스는 한정되고 비슷한 반면에 게임의 규칙은 훨씬 더 다양하며 끝없이 창작되고 있습니다.

게임의 규칙을 잘 설계하려면 어떤 학습이 필요할까요? 두 가지 접근이 필요합니다. 첫째, 다양한 게임의 규칙을 체험해야 합니다. 게임의 규칙은 직접 플레이를 해봐야 온전하게 파악할 수 있습니다. 서너 개의 게임 정도만을 플레이해본 경험으로 게이미피케이션 콘텐츠를 디자인하는 경우가 있는데, 좋은 게임을 완성하기가 어렵습니다. 이는 짬뽕, 볶음밥, 짜장면 정도만 먹어본 상태로 새로운 중식 메뉴를 개발하려는 시도와 같습니다. 둘째, 규칙을 창의적으로 만들고 테스트하는 훈련과정을 반복해야 합니다. 다양한 음식을 맛봤다고 해서 한두 번의 시도로 새로운 요리를 만들기는 어렵습니다. 다양한 음식을 맛본 경험은 새로운 요리를 창조하는데 중요한 밑거름이 되지만, 여기에 한 가지 더 필요한 것은 반복적인 시도와 실패의 경험입니다.

Tinsman은 게임 규칙을 설계할 때 고려할 요소로 다음의 사항들을 제시했습니다[********].

◆ 플레이 시간: '시작 ~ 끝'의 시간을 의미한다. 시간이 너무 짧으면 충분한 경험을 할 수 없으며, 시간이 너무 길면 반복 플레이를 통한 학습이 어렵습니다.

◆ 핵심적 의사결정: 설계하는 게임에서 가장 핵심적인 의사결정 요인이 무엇인지 명확해야 합니다. 예를 들어 모노폴리 Monopoly 는 부동산 자산 구매, 판매에 대한 결정이 핵심입니다.

◆ 규칙의 문서화: 타인이 읽고서 쉽게 이해할 수 있는 수준이어야 합니다. 제삼자가 구두로 설명하지 않아도 이해할 수 있게, 깔끔하고 명료하게 작성해야 합니다.

◆ 운 Luck vs. 전략: 게임에 일정 부분의 운이 반영되면 플레이어의 심리적 압박감을 완화해줍니다. 그러나 운이 지나치게 작용하면 전략적 의사결정의 재미가 없어집니다.

◆ 피드백: 드라마틱한 긴장을 유지하기 위하여 게임이 진행되는 동안 승패에

[********] Tinsman, B. (2008). The Game Inventor's Guidebook: How to Invent and Sell Board Games, Card Games, Role-Playing Games, & Everything in Between!. Morgan James Publishing.

◆◆◆

관한 플레이어 간 정보를 적절히 공개해야 합니다.

◆ 만회의 기회 Catch-up Features : 게임 중반 이후에도 전략이나 운을 통해 승부를 뒤집을 수 있어야 합니다. 게임 중반 이후에 만회의 기회가 없으면, 승리에서 멀어진 플레이어에게 중반 이후의 플레이는 지루한 과정일 뿐입니다.

◆ 플레이어의 일반적 예측 및 기대 충족: 게임의 구조, 요소는 너무 낯설어도 좋지 않고, 너무 익숙해도 좋지 않습니다. 너무 낯설면 게임을 빠르게 익히기 어렵고 플레이가 조심스러워지며, 너무 익숙하면 호기심이 낮아집니다.

Step 7 프로토타입 제작

이 스텝에서는 앞서 설계한 내용을 바탕으로 실제 작동 가능한 형태의 게임을 구현하는 과정입니다. 보드게임 형태로 개발을 한다면, 다음 스텝에서 플레이테스트가 가능한 형태로 컴포넌트들을 준비해야 합니다.

이 스텝에서는 아직 최종 완성본이 아니어서, 인쇄소나 공장에서 완제품 형태로 게임을 만들지는 않는 편입니다. 시중에서 구하기 쉬운 잉크젯 프린터, 작두, 레고, 보드게임 말 등을 이용해서 컴포넌트를 준비하면 충분합니다.

Step 8 │ 플레이테스트 & 보완

마지막 스텝은 준비된 게임을 실제 플레이해보면서 문제점을 찾고 개선하는 과정입니다.

플레이테스트에서는 플레이어 적합성, 플레이 시간, 규칙, 차별성, 프로토타입 완성도, 별도 준비물, 재미 수준, 의미 수준의 8개 요소를 평가합니다. 요소별로 다음과 같은 질문에 답해보면 됩니다.

◆ 플레이어 적합성: 플레이어는 누구인가? 그들이 플레이할만한 수준의 게임인가?

◆ 플레이 시간: 플레이 시간이 적정한가? 너무 길거나, 너무 짧지는 않은가?

◆ 규칙: 규칙이 명확한가? 이해하기 쉽고, 맘대로 바꾸거나 위반할 수 없는가?

◆ 차별성: 이 게임과 유사한 게임에는 어떤 것들이 있는가? 너무 생소하거나, 너무 유사해서 문제가 되지는 않을까?

◆ 프로토타입 완성도: 프로토타입은 어느 정도 완성했는가? 프로토타입으로 다른 사람이 플레이할 수 있는가?

◆ 별도 준비물: 게임을 즐기기 위해 플레이어가 준비할 것이 많은가? 어려운 준비 없이 참여할 수 있는가?

◆ 재미 수준: 이 게임은 어떤 재미를 주는가? 그 재미가 실제로 사람들을 끌어당기는 힘이 있는가? 스텝 4에서 목표로 한 재미가 충분히 제공되는가?

◆ 의미 수준: 이 게임은 어떤 가치 있는 의미를 개인, 집단 또는 사회에게 주는가? 재미에 비해 의미가 부족하지는 않은가? 스텝 3에서 목표로 한 학습 목표를 달성하고 있는가? 스텝 3에서 목표로 한 강사의 요구사항을 만족하고 있는가?

플레이테스트에 정해진 횟수는 없습니다만 보통 5~10회 정도를 진행합니다. 플레이테스트는 테스트에 참가하는 플레이어의 특성에 따라 두 가지로 나뉩니다. 콘텐츠를 개발한 집단과 친밀도가 높은 사람들, 내부 인력들을 중심으로 하는 알파 테스트, 관련 콘텐츠를 잘 모르는 외부 인력을 모집해서 진행하는 베타 테스트로 나눠집니다.

테스트를 진행하면, 앞서 보여드린 8개의 질문 항목에 대해 개발자 입장에서 관찰하며, 참가자의 의견을 들어봅니다. 참가자의 의견을 들을 때는 온라인 설문과 오프라인 대면 인터뷰를 병행하면 좋습니다.

Winston S Churchill
says

인간은 건축물을 만든다.
그런 후에는
건축물이 우리를 만든다.

나만의 콘텐츠를 갖고 싶다면?
아티스트 vs. 카피캣

나의 이름을 걸고 만든 나만의 게이미피케이션 콘텐츠를 만들려는 분들이 많으십니다. 이 경우 가장 흔한 접근은 본인이 만들려는 콘텐츠와 유사한 주제의 콘텐츠에 담긴 컴포넌트와 규칙 등을 참고하는 방법입니다. 여기서 주의할 부분이 있습니다. 이런 접근이 기존의 콘텐츠에서 영감을 받은 나만의 창작인지 아니면 타인의 저작권을 침해하는 표절인지 구분해야 합니다.

게이미피케이션 콘텐츠를 구성하는 게임 컴포넌트, 규칙 등은 기본적으로 저작권법상 보호를 받는 저작물로서, 저작권자의 사전 서면 동의 없이 내용을 복제하거나 실연하는 것은 복제권, 공연권 등의 저작권을 침해하는 행위입니다. 복제권을 침해한다는 것은 A라는 콘텐츠의 내용을 표절하여 B라는 콘텐츠를 만들어서 퍼블리싱하는 행위입니다. 예를 들어 '부루마블' 보드게임의 컴포넌트 구성, 규칙 등을 표절하여, '돈 벌고 세계일주'라는 보드게임을 만들어서 발표한다면 이는 복제권 침해에 해당합니다. 공연권을 침해하는 것은 A라는 콘텐츠의 규칙, 컴포넌트 등을 파악하고, 이를 A 콘텐츠 저작권자로부터 허가를 받지 않은 채 플레이하는 행위입니다. 예를 들어 '슬픈 청바지'라는 빅게임이 있습니다. 김철수는 '슬픈 청바지' 빅게임에 플레이어로 참여하여 게임의 규칙을 다 파악했습니다. 김철수는 '슬픈 청바지' 빅게임 저작권자로부터 허가를 받지 않고 자신이 진행하는 교육 과정의 참가자들에게 '슬픈 청바지' 빅게임을 그대로 플레이시키거나, 또는 일부를 바꿔서 플레이시킵니다. 이 경우 김철수는 공연권을 침해한 것입니다. 컴포넌트, 규칙 등은 저작권뿐만 아니라 부정경쟁방지법에서도 주요한 다툼의 대상이 되고 있습니다.

영감을 받은 나만의 창작과 타인의 저작권을 침해하는 표절을 어떻게 구분할 수 있을까요? 법적으로는 매우 복잡합니다만, 저는 다음 질문을 놓고 스스로 생각해보면 거의 답을 얻는다고 생각합니다. 다음 질문에 '그렇지 않다'고 확신할 수 있으면 됩니다.

"내가 A라는 콘텐츠에서 영감을 얻어서 B라는 콘텐츠를 만들었는데,

만약 A콘텐츠의 창작자가 내 콘텐츠인 B를 본다면,

자신의 것을 베꼈다고 생각할까?"

나만의 콘텐츠를 만드는 작업에는 큰 의미가 담겨있습니다. 이 책의 독자분들은 그런 작업에서 카피캣이 아닌 아티스트가 되시면 좋겠습니다.

Ursula Le guin says

모든 인간은 영혼 속 깊은 곳에
무언가를 창조하고자 하는
열망을 품고 있다.

게이미피케이션 콘텐츠 개발,
늘 성공하나요?

제가 참여한 게이미피케이션 콘텐츠 개발 프로젝트 중 중간에 포기한 경우는 세 번입니다. 그중 하나의 사례인 청소년 진로 교육 콘텐츠를 개발하다가 접은 이유를 얘기해보겠습니다. 국내 여러 교육 기업, Edtech, 교강사 분들께서 청소년 진로 교육게임 콘텐츠를 선보이고 있습니다. 시중에 보면 다양한 보드게임, 카드형 교구, 소프트웨어가 나와 있습니다. 저희 랩에서는 2017년 상반기에 개발을 시도하다가 대략 6개월 만에 접었습니다. 초기에 저희가 분석한 국내 교구게 이미피케이션 콘텐츠라기보다는 일반 교구에 가까움 들에서 가장 많이 관찰된 기본 흐름은 대략 이러했습니다.

홀랜드 테스트를 하고, 그 결과를 바탕으로 연관된 직업을 추천하며, 해당 직업을 얻기 위한 대학의 관련 학과, 전공을 추천하는 흐름이

◆ ◆ ◆

많이 보였습니다. 이 모델을 보고, 저희 랩에서는 "과연 이 방법으로 청소년에게 진로를 교육하는 게 최선일까?"라는 질문을 오래 고민했습니다.

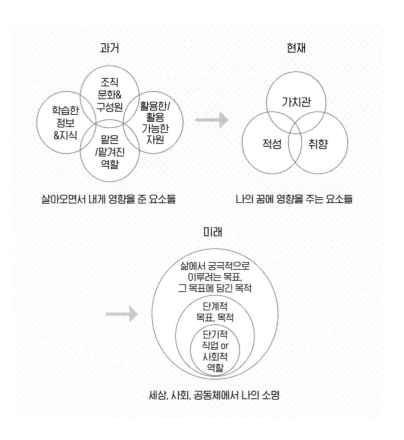

늘 그렇지만, 교육 콘텐츠의 본질을 이해하지 못하고, 우리만의 철학이 없는 상태에서 게임으로 만드는 건 불가능하기에 진로 교육의 본질, 철학에 관해 고민했습니다. 고민 끝에 저희 팀에서 정립한 모델은 대략 이러했습니다.

"살아오면서 내게 영향을 준 요소들 과거"이 지금 "나의 꿈에 영향을 주는 요소들 현재"을 정립하는데 관련되었으며, 현재 요소들이 "세상, 사회, 공동체에서 나의 소명 미래"을 꿈꾸게 한다는 것입니다. 참고로 "살아오면서 내게 영향을 준 요소들 과거"은 정보공학 Information

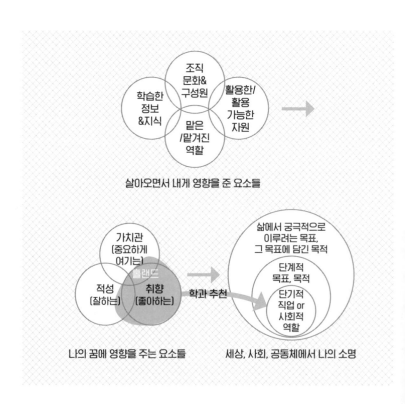

살아오면서 내게 영향을 준 요소들

나의 꿈에 영향을 주는 요소들　　세상, 사회, 공동체에서 나의 소명

Engineering 적인 접근법입니다. 원래는 기업 내부 시스템을 분석하는 기준인데, 개인의 삶을 분석하는데 차용해본 것입니다. 저희 팀이 정립한 모델을 놓고 볼 때, 앞서 언급한 "홀랜드 테스트 → 연관된 직업 추천 → 해당 직업을 얻기 위한 대학의 관련 학과, 전공 추천"은 전체 중 일부였습니다.

여기서 갈등이 생겼습니다. 그 일부라도 게이미피케이션을 해야 할까? 아니면 전체를 손대야 할까? "그 일부라도 게이미피케이션을 해야 할까?"에 Yes를 해보니, 자칫하면 일부가 전체로 보이는 데 일조할 수

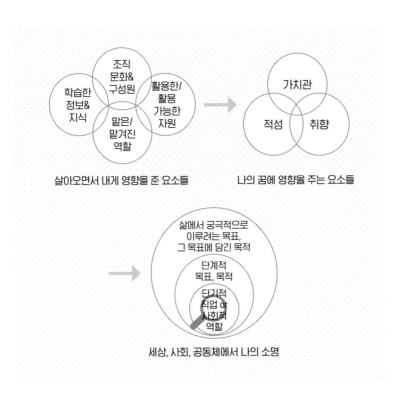

살아오면서 내게 영향을 준 요소들

나의 꿈에 영향을 주는 요소들

세상, 사회, 공동체에서 나의 소명

있다는 우려가 들었습니다. "전체를 손대야 할까?"에 Yes를 해보니, 손댈 부분이 너무 방대했습니다. 앞서 제시한 과거, 현재, 미래 모델도 매우 비세부적이어서, 일부에 돋보기를 들이대니 더욱 큰 난관이 보였습니다.

일예로, 단기적 직업에 돋보기를 들이대니, 그 직업을 청소년에게 어떻게 이해시킬지가 고민되었습니다. 통계청 직업분류가 천개가 넘는데, 그중 하나의 직업을 청소년에게 온전히 이해시키기 위해 우리가 무엇을 해야 하고, 할 수 있을지에 관한 고민이 들었습니다. "교수는 ~~~한 직업이다."라는 몇 줄의 문장으로 청소년에게 교수라는 직업을 제대로 이해시킬 수 없다는 생각, 자칫 특정 직업에 관한 환상이나 오해를 심어줄 수 있다는 걱정이 들었습니다.

"하나의 직업을 온전히는 아니더라도, 대략 이해하려면 무엇을 바라봐야할까?" 이 질문에 관해 우리는 Porter의 Five Force Model*을 잠시 빌려봤습니다. Porter의 모델은 본래 직업 분석과는 무관합니다. 다만, 사회 속 개인을 하나의 기업에 빗대어 생각해보면, 그 개인이 사회 속에서 어떤 상황에서 어떤 역할을 하는지 이해하는데 도움이 되지 않을까 생각했습니다. 그래서 생각한 모델이 이것입니다.

이 모델을 생각하고 나니, 더 큰 좌절감을 느꼈습니다. 저희 팀이 경

---

* 경영학, 산업공학에서 산업 내 기업의 경쟁상황을 분석하는 데 많이 쓰는 모델이며, 비판에 따라 첨삭된 버전이 몇 가지 있습니다.

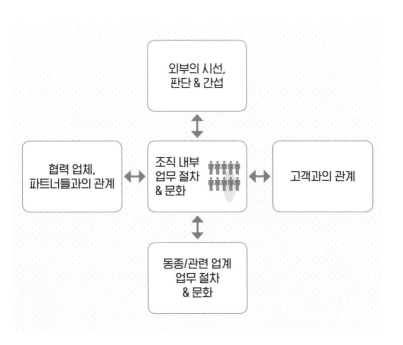

험한 몇 개의 직업에 관해서는 이 모델을 기초로 시뮬레이션, RPG를 통해 학습자에게 그 직업의 특성을 체험하며 느끼도록 해줄 수 있겠으나, 몇 개를 넘어선 최소 수십 개, 수백 개의 직업을 이 모델로 보여주는 건 우리가 가진 자원의 제약으로 불가능하다는 결론을 내렸습니다. 거창하게 이야기를 시작했으나, 현재 이 프로젝트는 중단한 상태입니다.

저희가 게이미피케이션 콘텐츠 개발을 중단한 핵심 이유가 무엇일까요? 저희의 욕심일 수 있으나, 담아야할 교육 콘텐츠가 너무 방대했기 때문입니다. 또는 저희가 교육 콘텐츠의 본질을 정확하게 파악하여, 간결하게 정리하지 못했을 수도 있습니다. 저는 게이미피케이션 콘텐츠의 본질은 게임이 아니라고 생각합니다. 따라서 많은 예산과 게이미피케이션 전문가를 확보하여도 교육 범위, 내용을 정립하지 못하면 그 프로젝트는 실패하고 맙니다. 하지만 그 실패는 일시적일 뿐입니다. 다시 도전을 시작하는 순간, 실패한 결과는 진행 중인 여정으로 바뀌게 됩니다. 게임기에 코인을 하나 더 밀어 넣는 순간 게임을 다시 시작할 수 있는 것과 같습니다.

Helen Keller
says

인생은 용감한 도전 또는
아무것도 아닌 것,
둘 중 하나이다.

요즘에 만난 몇몇 기업의 HRD담당자들이 공통적으로 군대 얘기를 꺼내셨습니다. 군대 경험이 없는 분들까지 겸연쩍은 미소를 지으며 이런 얘기를 하셨습니다.

"우리 기업의 교육 방식은 딱 군대의 집체 교육을 생각하시면 됩니다."

이런 얘기를 들으면, 현재 그 기업의 교육 프로그램에 관해 더 물어볼 것도 없습니다. 제가 실제 부대에 있던 기간은 훈련소 한 달이 전부였지만, 그 시간만으로도 군에서의 교육이 어떤지는 대략 경험했습니다. 물론 이게 거의 20년이 다 돼가는 경험이어서, 지금은 그래도 좀 바뀌었기를 기대해봅니다.

여하튼 제가 경험한 군대 교육은 제가 제일 싫어하는 바둑판식 의자에 비좁게, 각을 잡고 앉아서 TV에 틀어놓은 동영상 강의를 시청하는 형태였습니다. 그 순간 저는 사람보다는 공장식 양계장의 닭과 같 았습니다. 그 교육을 회상하면 내용은 전혀 생각이 나지 않습니다. 육 체적 고통-비좁고, 냄새나고, 움직이지 못하고- 과 정신적 고통-단순하고 지루한 정신 수양 내 용을 참고 들어야 하는- 이 되살아나서 불쾌해지기만 합니다.

다시 기업 HRD 얘기로 돌아가 보면, 최근에 만난 그분들의 고민은 비슷했습니다. 현재 해당 분야에서 자신이 속한 기업이 국내외 최상위 의 위치이지만, 엄청난 위기의식을 갖고 있었습니다. 개인차원이 아닌 조직차원의 위기의식이었습니다.

"위기의식 → 변해야 한다는 절박함 → 변화의 중심은 사람, 구성원 이라는 판단 → 구성원에 대한 새로운 교육 필요성 인식 → 혹시 게이 미피케이션을 접목한다면?"

대략 이런 사고의 흐름 끝에 저와 만났습니다. 그러나 대화를 나누 다보면 그 뒤에는 불안감 하나가 더 붙어있었습니다.

"혹시 게이미피케이션을 접목한다면? → 괜히 내가 나서서 바꿨다 가 나HRD담당자 만 망하는 거 아닌가?"

충분히 공감되는 고민입니다. 잠자코 있으면 중간은 가는데 변화를 시도하면 중간도 못 가는 경우가 많은 게 우리 문화이니, 그런 걱정이 이해됩니다. 저는 이런 질문을 드려봅니다.

"머릿속에 사다리를 그려보세요. 그 사다리에는 10개의 발받침이 있습니다. 가장 이상적인 교육은 제일 위의 10번째 발받침에 올라선 상태이고, 가장 형편없는 교육은 제일 아래의 1번째 발받침에 올라선 상태라고 가정해보세요. 현재 계신 기업의 교육 프로그램은 몇 번째 발받침에 올라가 있다고 생각하세요?"

대화 초기에 나타난 겸연쩍은 미소를 다시 보이며 보통 3~4번째 정도를 얘기하십니다. 저 혼자 맘대로 짐작하건대 1~2라고 얘기하기는 자존심이 상하고, 5~6이라고 얘기하기는 민망하셨을 듯합니다. 대략 이런 제안을 드립니다.

"꼭 게이미피케이션이 아니어도 괜찮지만, 새로운 방법, 새로운 교육 기법을 접목하면서 9~10번째 발받침을 기대하고 계셔서 결정하기 어려우신 듯합니다. 새로운 기법을 도입하면, 최소한 5~6은 될 겁니다. 그렇게 본다면 현재보다는 한결 좋아지는 셈이니 작은 부분부터 해보시면 어떨까요?"

우리는 현재가 썩 마음에 안 들어도 통상은 그대로 머무르려합니다. 행동경제학에서 자주 언급하는 현상유지 편향Status Quo/Default Bias* 이 나타납니다. 조직에서 옆의 누군가가 우리에게 변화, 혁신을 얘기하면, 우리는 현재보다 압도적으로 좋아지기를 기대합니다. 어느 정도는 타당한 기대입니다. 변화, 혁신에는 잠재적 리스크가 있으니, 성공시의 기댓값은 매우 높아야 한다는 논리입니다. 그러나 여기서 간과하면 안 될 것이 있습니다.

"과연 현재 방법을 그대로 유지하면 현상은 유지될까요?"

조직의 경쟁력, 문화, 성과는 후퇴 중인데, 현상이 유지되고 있다는 착각을 하는 경우가 많습니다. 기업, 기관을 탓하며 더 멀리 갈 것도 없이 저와 같은 교수들이 모여 있는 국내 대학들이 대부분 그렇습니다. 큰 변화, 혁신 없이 대학 시스템을 수 십 년 이상 이어오면서, 꾸준히 후퇴 중입니다.

---

* 새로운 대안과 기존 대안이 있을 때 기존 대안을 더 선호하는 현상입니다. 덴마크와 오스트리아의 장기기증 프로그램 사례를 살펴봅시다. 덴마크에서는 장기기증을 하지 않는 것을 기본으로 하여, 원하면 별도로 장기기증 신청서를 작성하도록 했습니다. 이 결과 장기 기증률은 4.25%가 되었습니다. 오스트리아는 장기기증을 하는 것을 기본으로 하여, 원하지 않으면 별도로 장기기증 거부신청서를 작성하도록 했습니다. 이 결과 기증률은 99.98%가 되었습니다. 기존 대안과 새로운 대안 간의 의사결정 중심이 초기부터 기존 대안에 쏠리는 현상입니다.

또 다시 기업 HRD 얘기로 돌아가서, 저와 만난 분들에게 저는 마지막으로 이런 말씀을 드립니다.

"걱정되시면 우선 함께 일하시는 HRD 담당자분들 15~25명 정도가 교육 게이미피케이션 콘텐츠를 체험해보고 고민해보세요."

스스로 경험해서 느끼고 생각해보면 됩니다. 스스로 경험했는데도 변화를 시도하지 못하겠다면, 더 큰 힘을 가진 누군가가 시킬 때를 기다려야 합니다. 그러나 저는 이 책의 마지막 장까지 함께 하신 분들이 누군가가 시킬 때를 기다리시기보다는 스스로의 힘으로 움직이시기를 바랍니다. 게임마스터의 셋팅에 의해 움직이는 NPC보다는 자신의 미션을 스스로 풀어가는 게임의 주인공이 되시기를 바라기 때문입니다.

**Jean Giraudoux
says**

나는 죽음이 두렵지 않다.
그것은 인생이라는 게임을
플레이하기 위해 치러야 할
대가일 뿐이다.

게이미피케이션 관련 워크숍 구성 예시

제가 진행했던 교육 프로그램의 일부를 부록에 담았습니다. 워크숍 구성 시 참고하시기 바랍니다. 소요 시간, 주제, 활동 내용은 개별 교육 환경에 맞게 적절히 가감하셔야 합니다.

리더십 워크숍

- **목표**: 자신의 현재 리더십 유형을 파악하고, 리더십 역량 계발의 목표를 설정한다.
- **대상**: 리더 및 예비 리더
- **참가자 규모**: 15~30명(참가자가 30명을 초과할 경우 보조진행자 필요)
- **필요한 도구**: 참가자 30명당 매치메이커 1세트
- **소요시간**: 220분 (휴식시간 제외)

소요 시간	주제	활동 내용
30분	브리핑 & 플레이 준비	• 아이스브레이킹 • 플레이 규칙 설명 • 카드 분배
40분	플레이	• 리더카드 교환 플레이 • 점수 계산 & 가벼운 시상
30분	배경 이론 강의	• 상황대응 리더십 이론 설명 • 상황대응 리더십 유형별 유명 인물 사례 제시
50분	내가 만났던 리더로 부터 배우기	• 상황대응 리더십 유형별 실제 리더 찾기(자신이 경험한, 만났던 리더들 중에서) • 각 리더의 장단점 정리 • 시사점 찾기 & 공유
50분	나의 리더십 성찰	• 자신과 함께 일했던/일하는 팔로워들의 특성 파악 • 자신이 그들에게 보여준 리더십 유형 정리(Good & Bad 케이스) • 자신에게 필요한 리더십 역량 정리
20분	마무리	• 플레이 경험 공유

조직 내 개인 간 갈등해결 워크숍

- **목표**: 조직 내 구성원들이 서로에 대해 어떻게 생각하고 있는가를 탐색하여, 서로에 관한 이해 차이에서 오는 갈등을 해결한다.
- **대상**: 기업조직의 구성원(일 또는 생활을 함께하는 구성원들이 플레이하기에 적당하며, 낯선 플레이어들이 함께 플레이하기에 적절하지 않음)
- **참가자 규모**: 24~32명(참가자가 32명을 초과할 경우 보조진행자 필요)
- **필요한 도구**: 참가자 6~8명당 티타임 1세트
- **소요시간**: 150분 (휴식시간 제외)

소요 시간	주제		활동 내용
30분	브리핑 & 플레이 준비		• 아이스브레이킹 • 플레이 규칙 설명 • 컴포넌트 분배
50분	플레이		• 티타임 게임 플레이 • 점수 계산 & 가벼운 시상
20분	우리 조직을 위한 티타임	추가 질문 만들기	• 새로운 질문카드 만들기 • 플레이해 볼 질문카드 선정
10분		추가 플레이	• 새로운 질문카드로 티타임 게임 플레이
20분	조직 내에서 내가 되고 싶은 페르소나 찾기		• 자신이 선택받고 싶은 질문카드 3개씩 고르기 • 그 카드를 선택한 이유 공유
20분	마무리		• 플레이 경험 공유

핵심가치 인식 워크숍

- **목표**: 자신 삶의 핵심가치를 파악하고, 핵심가치의 달성 가능성을 높인다.
- **대상**: 성인, 대학생, 청소년
- **참가자 규모**: 10~100명
- **필요한 도구**: 참가자 15명당 메이플라이 인생카드 1세트
- **소요시간**: 180분 (휴식시간 제외)

소요 시간	핵심가치 단계	주제	활동 내용
20분	1단계: 불확실한 목표	브리핑	• 핵심가치의 의미 설명 • 플레이 규칙 설명
30분	2단계: 목표 설정	나의 가치 파악: 핵심가치 교환	• 카드 배분 • 핵심가치카드, 생명카드 교환 플레이 • 최종적으로 각자가 보유한 카드 파악
20분		타인의 가치 파악: 전 참가자 핵심가치 파악	• 참가자들이 선호하는 핵심가치카드 파악 • 예측 게임
30분	3단계: 계획 수립	핵심가치 실천 계획 수립	• 각자의 핵심가치에 관한 실천 현황 정리 • 각자의 핵심가치에 관한 실천 계획 수립
30분	4단계: 목표 공유	핵심가치 실천 계획 공유	• 실천 계획 공유(5~6명의 그룹 내에서) • 서로의 계획에 관한 피드백
30분		가족, 동료의 가치 파악 & 공유	• 워크숍에 참여하지 못한 가족, 동료의 핵심가치를 예측 • 예측한 핵심가치를 확인 • 예측과 실제의 차이를 논의
20분		마무리	• 플레이 경험 공유

기업가정신 게이미피케이션 콘텐츠 강사 양성 워크숍

- **목표**: 기업가정신의 핵심 요소를 10개로 분류하고, 이를 게임을 통해 교육하는 콘텐츠인 유니콘게임을 직접 운영할 수 있는 기법을 익힌다.
- **대상**: 기업가정신을 교육하는 강사 및 교육프로그램 기획자(게이미피케이션에 관한 사전 이해도는 높지 않으나, 기업가정신에 관한 사전 이해도는 높다는 전제로 진행)
- **참가자 규모**: 20~30명
- **시간**: 1,200분 (휴식시간 제외)

소요 시간	주제	활동 내용
90분	브리핑 & 플레이 준비	• 아이스브레이킹 • 기업가정신의 특성 & 요소 설명 • 전체 모듈 구성 설명
90분	게임 #1: The Beginning	• 참가자들이 자신의 이력, 강점을 정리 & 공유하고, 이를 바탕으로 경매를 통해 팀을 구성하는 게임 플레이 체험 • 플레이 진행 방법 & 디브리핑 기법 습득
90분	게임 #2: International Trade +	• 국제 무역, 국가 간 경제 구조에 존재하는 불합리성을 체험하는 게임 플레이 체험 • 플레이 진행 방법 & 디브리핑 기법 습득
90분	게임 #3: Gloomy Jean	• 대기업, 중소기업, 근로자 간의 거래 관계에 존재하는 불합리성을 체험하는 게임 플레이 체험 • 플레이 진행 방법 & 디브리핑 기법 습득
60분	중간 정리	• 실전 강의준비를 위한 아이디어 워크숍 • 질의응답
90분	게임 #4: Library Company	• 구성원들이 역할을 나누어 맡아서 고객 문제를 해결하는 과정을 통해 의사소통, 자원 분배, R&R, 성과 분배에 관해 고민하는 게임 플레이 체험 • 플레이 진행 방법 & 디브리핑 기법 습득

소요 시간	주제	활동 내용
90분	게임 #5: Wise Goal	• 개인의 기여와 성과보상, 공동 목표, 투자 전략에 관해 고민하는 게임 플레이 체험 • 플레이 진행 방법 & 디브리핑 기법 습득
60분	게임 #6: Risk Betting	• 구성원 각자가 가진 리스크 수용 수준의 차이를 시뮬레이션으로 체험하고 조율하는 게임 플레이 체험 • 플레이 진행 방법 & 디브리핑 기법 습득
60분	중간 정리	• 실전 강의준비를 위한 아이디어 워크숍 • 질의응답
120분	게임 #7: BMC Mentoring	• 각 팀의 사업계획을 놓고 참가자 전체가 상호 피드백을 하고, 피드백 내용에 관해 투표하는 게임 플레이 체험 • 플레이 진행 방법 & 디브리핑 기법 습득
60분	게임 #8: Pricing Setting	• 각 팀이 제시하는 신규 제품, 서비스의 적정 가격을 산정해보고, 소비자가 인식하는 적정 가격과 기업이 책정한 가격 간의 차이를 분석하는 게임 플레이 체험 • 플레이 진행 방법 & 디브리핑 기법 습득
90분	게임 #9: Pitching & Funding	• 각 팀의 사업계획을 피칭하고, 개인 투자자 & 기관 투자자가 참여하여 각 사업계획에 관해 투자하여 기업가치를 산출하는 게임 플레이 체험 • 플레이 진행 방법 & 디브리핑 기법 습득
90분	게임 #10: Talk Card	• 스타트업 팀 구성부터 피칭 & 투자 유치까지 전 과정에 관해 팀별로 디브리핑을 진행하는 토론 게임 플레이 체험 • 플레이 진행 방법 & 디브리핑 기법 습득
120분	마무리	• 실전 강의준비를 위한 아이디어 워크숍 • 질의응답 • 전체 과정 마무리

게이미피케이션 교수법 워크숍

- **목표**: 다양한 교과목, 프로그램에 활용할 수 있는 게이미피케이션 기법을 습득한다.
- **대상**: 교사, 강사, 교수(게이미피케이션에 관한 사전 이해도가 높지 않다는 전제로 진행)
- **참가자 규모**: 30명
- **소요시간**: 250분 (휴식시간 제외)

소요 시간	주제	활동 내용
20분	브리핑	• 아이스브레이킹 • 게이미피케이션 필요성 설명 • 게이미피케이션 개념 설명
30분	팀 구성을 위한 콘텐츠	• 무인도 생존일지 플레이 체험 • 운영 방법 설명
30분	예습 활성화를 위한 콘텐츠	• 퀴즈앱 플레이 체험 • 운영 방법 설명
60분	학습과정 동기부여를 위한 콘텐츠	• 미션 구성 방법 설명 • 피드백, 포인트 관리앱 설명 • 마법카드 설명 • 마법카드 제작 실습
20분	복습 활성화를 위한 콘텐츠	• 문제 만들기 콘테스트 콘텐츠 설명
60분	학생 상담 콘텐츠	• 토론형 학생 상담 콘텐츠 플레이 체험 • 카드 제작 실습
30분	마무리	• 게이미피케이션 적용 시 주의사항 설명 • 참고자료 소개 • 질의응답

게이미피케이션 콘텐츠 개발 워크숍

- **목표**: 게이미피케이션 콘텐츠를 직접 창작하기 위한 역량을 확보하고, 프로토타입을 완성한다.
- **대상**: 자신의 교과목, 교육 프로그램에 적합한 게이미피케이션 콘텐츠를 창작하려는 교사, 강사, 교수, HRD 담당자(게이미피케이션에 관한 사전 이해도가 높지 않다는 전제로 진행)
- **참가자 규모**: 20명
- **소요시간**: 1,000분 (휴식시간 제외)

소요 시간	주제	활동 내용
90분	브리핑	• 아이스브레이킹 • 게이미피케이션 개념 설명 • 게이미피케이션 기초 이론 설명
30분	팀 구성	• 팀 구성(5명을 한 팀으로 구성) • 팀별 개발 주제 논의
50분	콘텐츠 체험	• 토론형 콘텐츠
40분		• 모노폴리형 콘텐츠 • Bad 케이스 체험
50분		• 인클래스 추리형 콘텐츠
50분		• 인클래스 방탈출 콘텐츠
120분		• 아웃도어 빅게임 콘텐츠
50분	개발방법론	• 4F 모델 설명
50분	팀별 개발 주제 선정	• 팀별 개발 주제 확정 • 개발 주제 공유

GAMIFICATION

소요 시간	주제	활동 내용
120분	기본 설계	• 기본 설계(스토리 뼈대, 메커닉스, 개괄적 규칙 등) • 설계 공유 및 보완
120분	상세 설계	• 상세 설계(상세 스토리, 세부 컴포넌트, 상세 규칙 등) • 설계 공유 및 보완
60분	프로토타이핑	• 프로토타입 제작
120분	플레이 테스트	• 팀별 교환 플레이 테스트 • 보완 요소 도출
50분	마무리	• 제작 및 유통 방법 설명 • 저작권 이슈 설명 • 질의응답

공성전을 함께할
길드원[*]들이 보내온 메시지

다음 사진 중 제가 다녔던 고등학교는 어디일까요? 혹시 여러분이 졸업한 고등학교의 모습은 어떤 사진과 비슷한가요?

사진 중에 제가 졸업한 고등학교는 없습니다. 보여드린 세 개의 사진은 모두 교정시설입니다. 왼쪽부터 순서대로 각각 익산시에 위치한 교도소 전문 영화세트장, 서울남부교도소, 청주여자교도소의 모습입니다. 그런데 신기하게도 오랜만에 만난 고교 동창에게 이 세 장의 사진을 보여주고 우리가 공부했던 학교를 골라보라고 하니, 한참 머뭇거

---

* 게임을 함께 즐기는 플레이어의 모임을 길드라고 하며, 그 구성원을 길드원, 줄여서 길원이라고 합니다.

리다가 '우리 학교에 이런 건물이 있었던 것 같은데'라며 첫 번째 사진을 골랐습니다.

제가 공부했던 모든 학습 공간의 외형, 내부 모습은 교정시설과 별반 다르지 않았습니다. 그 공간에서 진행하는 교육의 모습도 교정시설과 다르지 않았습니다.

사진은 창원교도소의 교정교육 장면임

저는 이런 모습을 무너뜨리기 위해 이 책을 준비했습니다. 이런 모습은 제게 거대한 성처럼 느껴집니다. 그 성의 주인은 교수자입니다. 저는 그 성을 공략하고 싶습니다. 그 성의 주인은 교수자가 아닌 학습자, 즐거운 플레이어가 된 학습자여야 합니다.

아무리 좋은 아이템을 갖고 있어도, 아무리 고렙을 찍었어도, 혼자서 공성전을 치르기는 어렵습니다. 그러나 길드원이 있다면 정말 든든합니다.

공성전을 함께하실 길드원, 제가 마음을 다해 존중하고 신뢰하는 길드원들이 보내온 메시지를 여기에 올립니다. 다양한 교육 현장 전문가의 경험과 철학이 녹아있는 이 메시지들은 저를 한 번 더 일깨워줬습니다. 이 귀한 메시지를 독자들과 나누고 싶습니다. 게임 속 바츠해방전쟁** 이 우리 교육에서도 일어나길 꿈꿔봅니다.

** 2004년부터 약 4년간 온라인게임 리니지의 바츠 서버에서 진행된 전쟁입니다. 바츠 서버를 장악한 '드래곤나이츠 혈맹'의 폭거에 저항하여 모든 서버의 이용자가 연합전선(바츠연합군)을 구성해 맞선 전쟁입니다. 전쟁에 참여한 사용자는 20만 명에 달했으며, 바츠연합군의 승리로 전쟁이 끝났습니다.

◆ ◆ ◆

• 강경석 본부장 _ 한국콘텐츠진흥원

게이미피케이션 교육은 재미있고 유쾌합니다. 그리고 미래의 우리 교육이 가야 할 길이라고 생각합니다. 저도 꼭 배워보고 싶습니다. 게이미피케이션이 여는 모두가 즐거운 학교, 그런 학교와 수업이 많아지길 응원합니다.

• 강준영 과장 _ (주)웅진 기획조정실 인사팀

재미있는 의미, 참여하는 의미, 즐기는 의미를 통해 다르고 새롭게 플레이할 수 있는 게이미피케이션을 응원합니다.

• 공회상 본부장 _ 한국능률협회

'가르치지 말고 플레이하라'는 저와 같이 기업의 구성원들에게 좀 더 효과적으로 교육에 몰입할 수 있는 방법을 고민하는 모든 분들에게 많은 도움을 줄 수 있을 거라 생각합니다. 과거의 학습 패러다임에서 벗어나 직원들의 자발적 참여를 통해 결과가 만들어질 수 있다면 교육은 더욱 생동감 넘치고 행동의 변화를 촉진시킬 수 있어 우리가 원하는 교육의 목적에 이전보다 쉽게 다가갈 수 있다고 봅니다.

• 곽민지 _ 오산대학교 교수학습지원센터

성인학습자는 학습에서 재미와 즐거움을 얻고자 합니다. 게이미피케이션은 대표적으로 재미있고 즐거운 학습 도구입니다. 교육과정 설계자라면 도전하세요! 게이미피케이션은 학습자에게 기쁨을 주는 강력한 도구가 될 것입니다.

• 구본희 교사 _ 관악중학교

교사는 자기가 가르치면 학생이 배운다고 착각을 하지만 실제 수동적인 자세에서는 제대로 배우기가 어렵습니다. 강의를 들을 때의 뇌파는 텔레비전을 볼 때 뇌파와 마찬가지로 거의 활동을 하지 않습니다. 그러므로 배우는 자가 적극적으로 과제에 달려들 수 있도록 구조를 짜는 일은 매우 중요합니다. 사람들은 게임을 할 때 과제를 해결하기 위해 몰입하여 달려듭니다. 이러한 요소를 학습에 도입하는 것은 정말 중요합니다.

• 권성호 교수 _ 성신여자대학교

누군가를 가르치는 것은 내가 알고 있는 지식을 단순 전달하는 것이 아닙니다. 스스로 고민하고 실행하는 방법을 알려주고, 기회를 주며 지켜보는 과정이라 생각합니다. 이런 측면에서 '가르치지 말고 플레이하라'는 교육에 몸담고 계신 분들에게 하나의 해답이 되리라 확신합니다.

• 권윤경 대표 _ 진로코칭연구소 노아

현장에서 학생들과 진로, 학습심리 강의, 코칭을 하고 있습니다. 1대1 교육이 좋다는 것은 누구나 다 알지만, 대규모에서도 자발적인 참여를 유도하고 개개인의 생각을 촉진할 수 있는 방법이 없을까 늘 고민하고 있습니다. 김상균 교수님 팀에서 연구개발한 도구들을 자주 활용하고 있었고요. 이 책을 통해 게이미피케이션의 원리를 보다 근본적으로 진로 교육에 접목시킬 수 있을 것 같아서 설레고 기대됩니다. 멀리 가려면 함께 가라고 하지요. 일방적 주입으로 이루어지는 게 아니라 학생들 스스로가 주체적으로 생각하고 플레이하며 재미있게 배우는 교육 현장을 꿈꾸는 분들이 이 책을 통해 서로 만났으면 좋겠습니다.

• 권희영 대표 _ KLPS컨설팅

교수님의 오랜 연구가 결집된 책의 발간을 진심으로 축하드립니다. 플레이를 통해 학습자 스스로 찾고, 이해하며, 익혀서 실제 현업에 적용하게 만드는 게이미피케이션 교육이 더욱 확산되기를 기원합니다.

• 김기현 매니저 _ 스마일게이트

게임은 유저에게 즐거움을 선사합니다. 교육의 목적은 누구나 쉽게 이해할 수 있도록 돕는 것 입니다. 게임과 교육을 융합하여 모든 학습자가 즐겁고 쉽게 배울 수 있다면, 이는 교육이 가진 최고의 가치를 달성하는 것이라 생각합니다.

• 김길환 _ ㈜와이즈파트너즈

'가르치지 말고 플레이하라'를 통해 모두가 게이미피케이션에 쉽게 다가가리라 기대합니다.

• 김대욱 팀장 _ 국민은행

대학원 시절 연구실에서 즐기던 포트리스, 스타크래프트, 삼국지, FIFA, NFS는 연구 활동에도 기여한 바가 컸습니다. 교육에 재미가 더 해지길 기원합니다.

• 김두환 과장 _ 포스코인재창조원

앞으로의 성인교육은 지식전달보다는 깨우침과 내면의 변화를 이끌어내는 방향으로 바뀌게 될 것입니다. 이러한 HRD 트렌드 속에서 게이미피케이션의 중요성은 점차 높아질 것입니다. 게이미피케이션에 대한 관심이 높은 요즘, 교수님의 지침서 발간 소식이 너무나 반갑게 다가옵니다.

• 김민영 교수 _ 차의과학대학교

재미와 즐거움은 이제 우리 삶에서 절대 무시할 수 없는 중요 요소입니다. 의미와 가능성을 제대로 파악하고 많은 노력을 기울여 오신 김상균 교수님이시기에 책에 대한 기대가 가득합니다.

• 김민영 교사 · 팀장 _ 진전중학교 · 비영리민간교육단체<구름학교> 게임창작센터

2015년부터 게이미피케이션에 대해 공부하면서 교실 수업에서 적용해오고 있습니다. 저는 중고등학교에서 국어를 수업하고 있어 특히 문법 게이미피케이션에 관심이 많은데 주변에 저와 비슷한 고민과 시도를 하는 선생님들이 있어 함께 2017년부터 좀 더 열심히 공부하고 소박하게나마 만들어보고 학생들과 함께하고 있습니다. 올해에는 선생님들과 함께 한국콘텐츠진흥원의 교사 연구회 활동도 응모해보았는데 운 좋게 뽑혀서 앞으로 더 열심히 준비해보아야겠다며 마음을 모으고 있답니다. 올해에는 스마트교육에 대해 좀 더 깊이 공부해보고 구글 클래스룸 및 스마트기기를 활용한 게이미피케이션과 교과 융합 게임 창작을 위해 노력하기로 했습니다. 그런 저희가 좀 더 제대로 알고 교육 게임을 설계하는 데 있어 이 책이 정말 실질적으로 큰 도움이 되리라 생각합니다. 의미 있고 좋은 책을 집필해주셔서 감사드리며, 현장에서 더욱 가치 있고 의미 있는 교실을 이끌어 갈 수 있도록 최선을 다하겠습니다.

• 김민욱 주임 _ 신세계조선호텔

기업 HRD담당자입니다. 정형화된 교육은 점점 더 큰 도전에 직면하고 있습니다. 학습자가 즐겁게 몰입하여 배울 수 있는 방식은 늘 필요하다고 생각했으며, 게이미피케이션은 이를 위한 가장 강력한 도구중 하나입니다! '교육, 게임처럼 즐겨라'를 흥미롭게 읽었는데, 이번 신간에도 많은 응원을 보냅니다.

• 김민철 대표 _ 피드백루프

디지털조차도 낡고 고루하게 여겨질 정도로 급속한 변화의 시대, 유독 교육 분야는 위기감을 느끼지 못한 채 변화에 더디게 반응하고 있습니다. 오래 이어져온 교육 방식이기에 쉽사리 변화를 만들지 못하는 것으로 보입니다. 그러나 학습과정, 배움의 여정은 즐거워야 합니다. 13년 간 게이미피케이션이라는 주제를 꾸준히 연구하며 세상을 바꾸고자 움직이는 분, 세계의 교육 게이미피케이션 트렌드를 선도하는 김상균 교수의 누적된 고민의 정수를 드디어 만난다는

◆◆◆

기대감에 가슴이 설렙니다.

• 김민호 _ 삼육부산병원
Doing하는 것에 대한 새로운 접근에 찬사를 보냅니다.

• 김병규 상무 _ 넷마블
변화하는 디지털 환경에서 게임이라는 콘텐츠를 어떻게 이해하고 활용할 것
인가는 중요한 문제입니다. 이 책은 그에 대한 새로운 해법을 보여줍니다. 함께
고민하고, 담론을 더욱 깊게 할 수 있게 해 준 김상균 교수에게 감사드립니다.

• 김상락 그룹장·HRD박사 _ 포스코인재창조원 글로벌교육그룹
기업체 직원들의 행동변화를 이끌어 내는 가장 효과적인 교육방식이 게이미피
케이션입니다. 이 책은 그런 게이미피케이션을 알기 쉽게 소개하고 있습니다.
많은 활용을 기대합니다!

• 김상묵 과장 _ EY한영 컨설팅
10년이 넘는 학교생활 후, 회사에서도 여전히 교육의 중요성은 이어지고 있습
니다. 필요성은 느끼지만 역시 흥미와 재미가 없다면 예전보다 더 쉽게 받아들
이지 못하고 피곤해지는 게 현실입니다. 이 책은 게이미피케이션을 통해 HRD
의 새로운 방향을 제시하고 있습니다. 주입식, 지루한 교육이 아닌 함께 즐기며
더 기억에 남는 교육을 원하시는 분들께 추천합니다!

• 김서영 교사 _ 계룡중학교
설명보다는 직접 체험을 통해 더 많이 배우고 더 많이 기억할 수 있다는 것은
우리 모두가 아는 사실입니다. 그래서 게임을 통한 교육은 변화하는 세상에 잘,
그리고 빠르게 적응하고, 미래역량을 기르는데 도움을 주는 방법 중 하나로 주

목받고 있습니다. 어른들은 화투를 치며 치매예방을 하십니다. 재밌고 즐겁게 가치와 지식을 배우는 게이미피케이션은 학교교육을 넘어 평생교육에서도 꼭 필요한 교육방법입니다.

• 김선경 대표 _ 에스컨설팅

요즘 휴대폰으로 Two Dots란 게임을 즐기고 있습니다. 미션을 완수하면 "천재", "완벽해요" 같은 짧은 문장이 나오는데, 그 순간 기분이 참 좋아집니다. 이 경험을 통해 작은 성공이 일상에 즐거움을 주고, 내가 하는 일이 시간을 소모하는 휴대폰 게임일지라도 의미가 있다는 생각이 들었습니다. 게임은 성인에게도 작은 성공과 성취감을 느끼게 해줍니다. 그래서 게이미피케이션을 활용한 교육은 앞으로 더 확산될 것이라 생각합니다.

• 김성연 센터장 _ 국가인재개발원 연구개발센터

밀레니얼 세대와 소통하는 방법? 자기 주도적으로 학습하게 하는 방법? 쉬고 싶어 교육에 오는 학습자를 위한 방법? 참여와 몰입을 이끌어내는 방법? 가르치지 말고 플레이하라!

• 김수영 상무 _ 효성인력개발원

게이미피케이션은 새로운 세대를 위해 유용한 교수법이며 점점 활용도가 넓어지고 있습니다. 최고의 전문가 김상균 교수님의 저서가 많은 HRD 담당자에게 좋은 시사점을 줄 것으로 기대하며, 앞으로도 교수님의 활약을 기대합니다.

• 김수환 교수 _ 총신대학교

우리나라 기성세대는 단기간의 경제성장을 이루어 경제적으로는 풍요로운 삶을 누리고 있지만 근본적인 삶의 방향성에 대한 성찰과 앎의 기쁨을 잃어가고 있습니다. 이 책은 일방적인 가르침이 아닌 함께 플레이하고 성장하는 배움을 추구하는 분들과 경쟁위주의 사회에서 앎에 대한 기쁨과 협업을 통한 즐거움을 잃어버린 분들에게 꼭 필요한 내용을 담고 있습니다. 김상균 교수님의 게이미피케이션 교육을 통해 삶의 변화를 체험해 보세요! 개인과 단체가 함께 성장하는 경험하게 될 것입니다.

• 김아랑 팀장 _ 아산나눔재단

백세시대를 맞이해 평생교육이 화두가 되고 있는 요즘, 재미와 즐거움으로 스스로 동기부여가 가능한 배움의 중요성이 커지고 있습니다. 게이미피케이션이야말로 자발적인 참여와 지속적인 몰입이 가능하며 실패를 자산화 할 수 있는 진정한 경험학습이 될 수 있습니다.

• 김영지 연구위원 _ 현대경제연구원

TMI Too Much Information 세상에서 정보와 지식 그 자체보다는 목적과 방법론에 더 많은 고민을 합니다. '플레이하라!' 이 표현만 봐도 판이 새롭게 짜인 겁니다. 기획자, 강사, 학습자 모두가 새롭게 태어날 준비를 해야 합니다. 궁극에는 실천적 학습이 되어야 합니다, 게이미피케이션, 플레이를 통해 얻는 배움의 기쁨과 즐거움이 얼마나 클지, 어떤 의미와 가치를 느낄지 정말 기대합니다. 자유롭고 즐거운 교육 세상을 함께 만들어갑시다.

• 김웅태 대표 _ 씨비에스컨설팅

기존 역할과 방식을 벗어버리기 위한 방법으로 게이미피케이션은 좋은 대안이 될 수 있습니다.

• 김인주 전문위원 _ 한국항공우주산업

게이미피케이션에 관한 김상균 교수의 오랜 경험을 담아서 많은 사람들에게 좋은 메시지를 전달하리라 기대합니다.

• 김정기 대표 _ 인빌드컨설팅

일방적으로 전달하는 교수자중심의 주입식 교육은 성인들의 성장욕구를 채워주는데 한계가 있습니다. 이제는 학습자가 교육에 함께 참여하는 교육방법이 필요한 시대입니다. '가르치지 말고 플레이하라'는 이러한 시대적 요구를 담아낸 보석같은 책입니다.

• 김종락 교수 _ 서강대학교

'가르치지 말고 플레이하라'는 가르침에 대한 새로운 관점을 제시합니다. 가르침이 일방적인 지식의 전달이라면 플레이하라는 자기주도적인 지식의 습득과정입니다. 본인의 초청으로 김상균 교수가 우리 대학에서 세미나를 한 적이 있습니다. 단순한 게임을 넘어서, 치밀한 기획으로 게이미피케이션을 디자인하는 것에 감동을 받았습니다. 교육 분야의 많은 분들이 이 책을 읽고, 즐겁게 배우는 문화가 우리 사회에 널리 퍼지길 기원합니다.

• 김종명 대표 _ 골든벨인재개발연구소

개인적으로 김상균 교수의 이전 저서를 통해 많은 도움을 받았습니다. 교수자가 가르치려고만 할수록 학습자가 무언가를 온전히 배우기는 더욱더 어렵습니다. 게임 플레이를 활용하는 교육은 학습자의 몰입도 향상에 탁월한 효과를 나타냅니다. 게이미피케이션 교육기법을 지지합니다.

• 김종원 차장 _ 에스원 인재개발원

백문이불여일견 백견이불여일겜 백겜이불여일행 백행이불여일성. 게이미피케이션은 그 자체가 목적이 아닌, 성과창출을 위한 수단으로, 듣고, 보고, 플레이를 통해 익히며, 현장에 적용하여, 성과를 창출하는 과정의 중간 단계로 큰 역할을 하리라 기대합니다.

◆◆◆

• 김주선 상임이사 _ 재)한국지역사회교육연구원

가르침과 배움의 케미는 강사의 말에 있기보다 배우려는 자의 호기심에 있습니다. 그동안 우리 평생교육은 너무나 많은 말속에서 학습자의 흥미를 놓치고 말았습니다. 아이나 어른이나 가장 효과적인 배움은 놀고 체험하며 스스로 깨치는 과정에서 일어납니다. 김상균 교수의 게이미피케이션 운동은 학습자의 잃어버린 호기심을 다시 불러오고 성인교육 방법의 새로운 지평을 여는 마법의 지팡이가 될 것입니다.

• 김지영 달샘 _ 방송대대학원 이러닝학과

일방적으로 수학을 가르치는 사람이 되지 않길, 수학으로 소통하는 시간을 만들 수 있길 바랐지만, 매번 갈등하고 한계에 부딪혀왔습니다. '가르치지 말고 플레이하라'가 제게 새로운 도전의 기회가 되길 희망합니다.

• 김지영 대표 _ TLP 교육디자인

게이미피케이션은 학습의 의미와 재미를 효과적으로, 창의적으로 버무려 즐거운 학습 경험을 만드는 요리 과정이라고 생각합니다. 현장에서 많은 분들이 이 요리를 더 잘할 수 있도록 돕는데 '가르치지 말고 플레이하라'가 좋은 레서피 책이 되길 응원합니다.

• 김형종 교수 _ 서울여자대학교

이제 상호작용을 통한 학습은 피할 수 없는 대세인 것 같습니다. 교실에서 진행되는 수업과 강의 중 상호 작용을 통해 효과를 높일 수 있는 영역을 찾고 그곳에 게이미피케이션을 적용하고 싶은 사람들이게 좋은 가이드가 되기를 바랍니다. 김상균 교수의 한결같은 노력에 박수를 보냅니다.

• 김혜진 차장 _ 현대오토에버

기업에서 HRD 업무를 맡고 있는 실무자로서 어떻게 하면 직원들이 각자의 역량개발을 위해 자기 주도적으로 노력하도록 동기를 부여할까에 대한 고민이 많습니다. 뭔가 재미있고, 자신에게 도움이 된다고 느낄 때 사람들은 움직이는데 지금까지는 그저 시켜야 가고 '교육을 받는다고 뭐가 달라지냐'는 인식이 많았습니다. 이런 상황에서 HRD는 늘 ROI에 대한 도전을 받고 있습니다. 4차 산업혁명시대, HRD 패러다임 변화가 시급한 상황에서 '가르치지 말고 플레이하라'는 HRDer들에게 단비 같은 책입니다.

• 김휘강 교수 _ 고려대학교

김상균 교수는 제가 아는 한 게이미피케이션 분야의 가장 훌륭한 전문가입니다. 교육 혁신을 위해 꾸준히 노력해주셔서 늘 감사한 마음입니다.

• 도흥찬 대표 _ 러너코리아

항상 연구하고 새로운 것을 창조하기 위해 노력하는 김상균 교수, 기업교육 발전을 위한 그의 헌신에 감사를 표합니다.

• 류현미 대표 _ 버들쌤의재미깨미공작소

"잘 놀아야 건강하고, 잘 놀아야 잘 배우고, 잘 놀아야 잘 자란다." 배움의 즐거움을 만들어주는 일, 배움의 판을 만들어주는 일, 나도 같이 즐기는 시간, 그게 게이미피케이션입니다.

• 문성식 실장 _ NHN

배움에는 끝이 없습니다. 애써 가르치기 보다는 함께 플레이하는 것이 무엇보다 필요하다고 생각되는 이때, 정말 꼭 필요한 책을 내주셔서 감사합니다. 많은 이들이 읽고 공감했으면 좋겠습니다.

• 박광제 교사·대표 _ 소명중고등학교·보드게임교육연구회

수업을 기획하는 것은 교사이지만 완성하는 것은 학생입니다. 수업 게이미피케이션은 교사가 게임 마스터가 되고 학생은 게임 플레이어가 되어 학생 주도적으로 배움이 일어나게 합니다. 이 책을 통해 답답한 교육 현장 속에서 허덕이는 교사들의 갈등을 해소해주길 기대합니다.

• 박건민 교사 _ 대구신당초등학교

인간의 삶의 영역에는 게임적 요소가 가득합니다. 단순히 학생 교육에 도구적으로 사용되는 범위를 넘어, 성인 교육과 평생 교육까지 삶의 전반에 걸쳐 게이미피케이션의 길을 제시해주리라 기대합니다.

• 박아람 부장 _ 삼성인력개발원

딱딱한 나무의자에 앉아 50분을 버티는 게임에서 우리는 이미 만렙의 자리를 차지하고 있습니다. 이젠, 흥미와 재미 아이템을 갖추고 지루함을 던전 클리어하는 학습길드를 만드는 여정을 떠나볼 때가 충분히 되었습니다.

• 박영준 소장 _ 질문디자인연구소

게이미피케이션은 학습에 참여와 재미라는 가치를 선물해줍니다. 학습과정에 즐겁고 재밌는 요소가 결합될 때, 우리는 더 자발적, 능동적으로 학습에 참여합니다. 무엇보다 학습의 과정에서 경험하는 실패조차도 다시 시도하게 만들어, 성공과 실패 경험 모두를 학습의 자원이 될 수 있게 합니다. 구구절절한 설명으로 배우게 하는 것보다 경험을 통해 배우는 것이 더욱 강력할 수밖에 없습니다. '플레이를 통한 학습경험'을 선물하고자하는 이들에게 '가르치지 말고, 플레이하라'를 권합니다.

• 박준형 교사 _ 심곡초등학교

저는 게임 중독자, 게임 기획자를 거쳐 초등교사가 되었습니다. 자연스럽게 게임의 문법과 플레이어의 관점으로 우리의 교육을 바라보게 됩니다. 조금 과장된 표현으로 우리의 교육은 '게임에 빼앗긴 보물'들을 찾아와야 합니다. 그 보물들은 '유저 중심 학습자 중심, 스토리텔링 시나리오 기반 학습, 친절한 레벨디자인 낮은 계단의 수준별 학습, 성장과 변화의 시각화 시각적인 학습관리시스템, 경험치 획득을 통한 레벨업 실패의 장려, 과정중심 평가, 즉각적인 피드백 등입니다. 이 책은 게이미피케이션을 처음 플레이하는 사람들에게 친절한 튜토리얼을 제공하는 동시에 모험을 떠나려는 영웅에게 강력한 힘을 부여하는 최고의 아이템이 되리라 생각합니다.

• 박찬용 _ 코리아보드게임즈 교육사업팀

지금까지 우리의 교육은 교수자 중심으로 진행되어 왔습니다. 일방적으로 전달하기만 하는 주입식 교육을 학습자 중심의 능동형 교육으로 바꿀 수 있을까요? 그 해답은 게이미피케이션에 있습니다. 게임을 통해 학습자 스스로 문제 해결방안을 모색하고, 행동을 선택하며, 다른 참여자들과 소통하게 됩니다. 교육 게임으로 이런 학습의 역동성을 충분히 만들 수 있습니다. 식상한 HRD를 바꾸고 싶은가요? 그러면 '가르치지 말고 플레이하라!'

• 박현달 상무 _ 현대자동차 연구개발본부

학교생활, 직장생활 그리고 일상적인 사회생활에서 우리는 항상 무엇인가를 새롭게 학습하는 상황에 놓입니다. 무언가를 새롭게 학습하는 것에 대한 스트레스를 어떻게 낮추고, 잘 할 수 있도록 어떻게 동기를 부여할까요? 게임 같은 학습, 게임 같은 직장생활을 위한 지침서로서 이 책이 큰 역할을 하리라 기대합니다.

• 박희진 팀장 _ 한국협동조합창업경영지원센터

학습은 알고 있는 것을 다시 되짚어보고 새로운 것을 적용해보는 과정을 통해 이루어집니다. 게이미피케이션을 통해 자연스럽게 플레이하면서 자신의 사고와 행동이 어떻게 구성되고 발현되는지 살펴보는 과정 그 자체가 강력한 학습과 배움의 시간입니다. 학교와 기업 현장에서 다양한 학습자들과 함께 쌓아올린 경험과 연구 성과가 담겨있는 이 책이 기대됩니다.

• 백순근 교수 _ 서울대학교 교육학과

공자님 말씀에 '아는 사람보다는 좋아하는 사람이 낫고, 좋아하는 사람보다는 즐기는 사람이 낫다'고 하셨습니다. 무엇을 배우고 익히는 최선의 방법은 바로 게임을 하면서 즐기는 사이에 자신도 모르게 배우고 익히는 것입니다. 이 책을 통해 신나게 게임을 즐기면서 배우고 익히는 기쁨과 성취감을 함께 누리시길 바랍니다.

• 변호승 교수 _ 충북대학교 교육학과

게임과 교육의 공존이 쉽지 않은 현실에서 현장전문가들을 위한 실전가이드 출간을 축하드립니다. 그간의 노력과 열정의 소산이 빛을 발하리라 기대합니다. 게이미피케이션의 적용을 통하여 생생한 학습과 자기계발이 일어날 수 있는 계기가 되기를 기원합니다.

• 서동인 연구원 _ 서울대학교 한국인적자원연구센터

교육심리적인 측면의 조망을 통해 성인학습과 평생교육에 기여하길 기대합니다.

• 서혜진 전임 _ 대전창조경제혁신센터

갈수록 복잡해지는 세상 속 엉켜있는 문제들을 자율적으로 참여하여 새롭게 바라볼 수 있게 해주는 게이미피케이션. 자율성보다는 통제, 관습에 익숙해진 성인들의 머릿속을 말랑말랑하게 해주는 교육이 게이미피케이션이었습니다. 늘 새로운 것을 찾지만 새로운 것보다 익숙한 것을 선택하게 되는데, 그런 선택의 배경에는 실패에 대한 두려움이 있었습니다. 게이미피케이션을 통해 그런 두려움을 극복했으면 합니다.

• 송기봉 Assistant Professor of Practice _ Virginia Tech
몰입을 통한 학습의 긍정적 효과는 수많은 연구들에 의해 검증되었습니다. 그리고 학습자의 몰입을 유도하기 위한 다양한 방법들이 시도되었습니다. 그러나 모든 학습자가 설계된 학습 시간 동안 온전히 몰입할 수 있는 방법은 흔하지 않습니다. 게이미피케이션은 이러한 문제를 해결할 수 있는 방법입니다. 물론, 게이미피케이션에는 몰입 이외에도 기대할 수 있는 다양한 효과들이 있습니다. 성인학습과 평생교육에서도 게이미피케이션을 통해 기대할 수 있는 효과들은 크게 다르지 않습니다. 김상균 교수는 게이미피케이션과 관련한 수많은 실증적 연구와 다양한 프로젝트를 수행했습니다. 이러한 활동들을 통해 축적된 지식과 경험이 이 책에 잘 담겨있다고 생각합니다. 성인학습과 평생교육을 위해 게이미피케이션 도입을 고려중인 분들에게 이 책이 큰 도움이 되리라 믿습니다.

• 송선영 박사 _ 아주대학교 사회과학대
내가 살고 싶은 도시에서 시민들 간의 상호교류를 위한 게이미케이션 프레임워크의 확립은 지속적 도시브랜드확장과 도시에 대한 몰입과 충성도로 연결될 수 있습니다. 비게임의 영역에서 게임의 메커니즘을 이용하여 재미있게 플레이하는 모습이 바로 우리가 추구하는 자발적 참여의 모습입니다.

• 송수아 리테일 코치 _ LUXEPD

100세 시대, 즐기는 교육과 참여적인 교육을 목표로 하는 게이미피케이션은 평생 학습에 임하는 성인학습자에게 효과적으로 지식과 스킬을 전달하며, 사고의 전환을 이끌어내는 비법으로 자리 잡았습니다.

• 송신영 강사 _ 프리랜서

게임과 교육을 연결하는 게이미피케이션이 확산되는 추세입니다. 게임과 교육을 연결하는 접근은 재미와 배움을 동시에 달성하는 혁신적인 교육기법입니다. 게이미피케이션은 아이와 성인 모두에게 적용되는 기법입니다.

• 송원상 국제인증퍼실리테이터 _ WITH상상

인지과학에서 뇌가 가장 좋아하는 것은 익숙하고 습관화 된 것이고, 가장 싫어하는 것은 새롭게 습득해야 하는 것이라고 이야기합니다. 이런 이유로 새로운 정보, 기술, 역량을 습득하는데 오랜 시간과 노력이 요구됩니다. 그런데 재미와 감동이 있다면, 뇌는 새로운 것을 쉽고 빠르게 그리고 익숙하게 받아들입니다. '가르치지 말고 플레이하라'는 우리 뇌가 새로운 것을 즐겁고, 재미있고, 빠르게 습득하는 방법과 이유를 게이미피케이션으로 잘 설명하고 있습니다. 즐겁고, 재미있고, 빠르게 변화하고 성장하기를 원하는 분들에게 추천 드립니다.

• 송인숙 교수 _ 글로벌사이버대학교

배움에 대한 주권이 가르치는 자로부터 배우는 자에게로 전환되기를 소망합니다. Teacher가 Director로 넘어가는 이 시대를 대변하는 발상, 게이미피케이션을 응원합니다.

• 송지훈 교수 _ 한양대학교 교육공학과

우리 모두가 공부중독에 빠져 힘들게 공부하고, 힘들게 살아가는 요즘 시대에,

게임을 통해 조금이나마 행복하고, 웃으며 학습할 수 있는 계기가 되었으면 합니다. 무엇보다 학습의 진정한 의미를 찾아가며, 학습에서 오는 즐거움을 느낄 수 있을 때 진정한 앎의 의미를 찾을 수 있다고 생각합니다. 이 책을 통해, 억지로 해야 해서 하는 공부가 아니라, 게임이 학습이 되고, 학습에서 재미를 찾고, 삶과 놀이에서 행복감을 찾을 수 있는 진정한 학습과정을 경험 할 수 있기를 기대합니다.

• 승영걸 수석연구원 _ 진로교육연구원
게이미피케이션은 즉각적인 피드백이 부족하고 지루한 교육을 흥미롭게 바꿔주는 조미료입니다.

• 신은희 대표 _ 진로변화연구소
포털사이트 지식검색을 넘어 이제는 동영상을 통해 원하는 지식을 바로바로 얻을 수 있는 시대, 더 이상 지식전달이나 '왕년의 우리처럼 해'식의 집합교육은 무의미한 실정입니다. 교육자로서 더 나아가 미래진로 방향에 지대한 관심을 갖고 있는 사람으로서, 제가 만났던 게이미피케이션은 혁신적 대안이었습니다. 단순 보드게임이나 보상규칙이 아닌, 참가자 스스로 즐겁게 움직이게 만들고, 스스로 깨달음에 도달하도록 이끌어주는 점이 게이미피케이션의 끊을 수 없는 매력이라고 생각합니다.

• 심재근 차장 _ 두산인프라코어(주)
기업교육에서도 이제는 더 이상 전사 필수 교육, 계층 필수 교육 등이 무의미해 졌습니다. 구성원 스스로 흥미를 느끼고 배울 수 있는 것이 있을 때 참여합니다. 구성원을 가르쳐야하는 존재로 보기보다는 재미있게 참여할 수 있는 동기를 만드는 것이 기업교육에서 매우 중요한 상황입니다. 이런 흐름 속에서 '가르치지 말고 플레이하라'의 등장은 매우 시의적절합니다. 게임을 통한 학습이 어떻게 이뤄질 수 있는지 느끼고, 기업교육에 적용할 포인트를 고민해보면 좋겠습니다. '가르치지 말고 플레이하라' 제목처럼 기업교육에서 플레이해보려 합니다.

• 양근우 센터장 _ 계명대학교 교수학습개발센터
'덜 가르치고 많이 배우게 하라' 밀레니얼 세대의 교육을 담당하고 있는 모든 분들에게는 가장 큰 고민이 아닐까 생각합니다. 이에 대한 명쾌한 답을 김상균 교수의 새로운 책을 통해 찾아보려 합니다. 평생의 배움을 요구하고 있는 시대를 맞아 배움을 놀이처럼 생각하고 즐길 수 있는 방법에 대한 지혜를 이 분야 최고 전문가로부터 얻을 수 있기를 기대합니다.

• 양기석 전문관 _ 경기도인재개발원
백문이 불여일견百聞而 不如一見 백견이불여일행百見而不如一行, 배우는 것에 그치지 않고 몸에 익히려면 직접 해봐야 할 일입니다. 그렇게 몸에 익혀가는 과정이야말로 우리에게 기쁨을 줍니다. 학이시습지 불역열호學而時習之 不亦悅乎 가 떠오릅니다.

• 염인정 이사 _ 한사랑교육공동체
4년 전 퍼실리테이터 교육을 받을 때는 의견을 듣고 정리하여 포스트잇에 키워드를 쓰는 활동을 배웠는데, 이번에는 카드를 가지고 플레이하며 다양한 게임을 통해 소통하고 정리하는 방법을 배웠습니다. 가르치지 않고 플레이하면서 자연스럽게 녹아드는 지식이 훨씬 강하게 남음을 몸소 체험했습니다.

• 염지은 차장 _ 삼성SDS
기술의 발전 속도가 점차 빨라지는 시대에 평생교육은 모든 회사와 회사원들의 화두인 것 같습니다. 수없이 쏟아지는 콘텐츠 중에서 어떤 것을 전달하느냐도 중요하지만 어떻게 전달할 것인가에 대한 고민이 더욱더 깊어지는 요즘, 교육생을 자발적으로 몰입시킬 수 있는 게이미피케이션 기법에 대한 관심도 자연히 높아지고 있습니다. 성인교육에서의 사례가 부족한 상황에서 김상균 교수의 책은 저를 포함한 교육담당자들에게 좋은 가이드가 되리라 기대합니다.

• 오승석 _ 한국기술교육대학교
다양한 분야가 통합되고 빠르게 발전하는 4차 산업혁명시대, 이 시대에 필요한 교육은 지식전달교육이 아니라 주어진 상황을 창의적으로, 융통성있게 해결해 나갈 수 있도록 돕는 체험교육입니다. 적극적으로 직접 참여하며 역량을 키울 수 있는 게이미피케이션이 하나의 대안이 되리라 기대합니다.

• 오윤채 교육팀장 _ 인간중심디자인연구소
성인들도 즐기며 학습할 수 있는 플레이 학습법! 학습이나 교육을 불편해 하시던 분들도 앞으로는 충분히 기대하며 참여하실 수 있으리라 기대합니다.

• 위선희 차장 _ 삼성엔지니어링
'가르치지 말고 플레이하라'는 김상균 교수의 철학을 온전히 담고 있는 제목입니다. 학습 동기를 자극해서 스스로 교육에 몰입할 수 있도록 인도하는 김상균 교수와 플레이 스타트!

• 유미정 이사 _ 익산꿈마루협동조합
게이미피케이션에 담긴 플레이의 긍정성은 삶에 활력을 불어 넣고, 즐겁고 유익한 배움과 성찰을 이끌어내는 힘이 있습니다.

• 유미현 교수 _ 아주대학교 교육대학원
학생이든 성인이든 모든 학습의 기본적인 필수조건은 내적동기입니다. 게이미피케이션을 통해 즐겁게 활동하다 보면 자연스럽게 내적동기를 갖게 될 것이며, 더욱더 효과적인 학습이 가능할 것이라 확신합니다.

• 유병선 교사 _ 전주대학교사범대학부설고등학교

자신이 아는 것을 무한 응용할 수 있는 게이미피케이션! 게이미피케이션을 응원합니다.

• 윤슬예 _ 딜리버리히어로코리아

실습을 통한 이해를 위해 가르치기보다 직접 경험하는 게 중요하다고 생각합니다. 젊은 연령대의 구성원이 많아서 특히 더 공감합니다. 배움은 끝이 없고, 우린 성장해야 하기에 놀이를 통해 계속 습득해야합니다.

• 윤형섭 교수 _ 중국 길림애니메이션대학교 게임대학

인간은 늙어서도 노는 유일한 동물입니다. 놀이를 통해 배우고 진화하고 즐길 줄 아는 호모 루덴스 Homo Ludens 이기 때문입니다. 기업교육은 그 동안 최신 지식 전달에 그치는 경우가 많았습니다. 이제 놀이와 게임을 통해 체험하고 토론하고 성찰하며 행동까지 이어지는 교육으로 변화해야 하는 시기입니다.

• 이규은 교수 _ 동서울대학교(한국학교보건학회 회장)

재미있게 공부할 수 있는 방법은 없을까요? 이 질문에 대한 해결 방안의 하나가 게이미피케이션입니다. 저자가 소개하는 다양한 게이미피케이션은 학습과제를 재미있으면서도 효과적으로 해결하는데 많은 도움이 될 것입니다.

• 이기욱 실장 _ 옐로모바일

스타트업 기업들의 경쟁력 향상을 위해 HRD는 정말 중요한 영역이나, 그 현황은 매우 열악한 편입니다. 이 책을 통해 HRD분야의 게이미피케이션이 활성화,

보편화된다면, 스타트업 기업의 경쟁력 향상에 큰 도움이 되리라 기대합니다.

• 이도현 교사 _ 영덕중학교

'가르치지 않으면 뭘 하지?'라는 생각이 든다면, 이 책이 그에 대한 영감, 통찰, 그리고 노하우를 줄 것입니다. 함께 즐기며 성장하는데 게임만한 게 없습니다.

• 이동형 교사 _ 차산초등학교

교육자로서 평소에 '어떻게 하면 학습자들이 재미있게, 흥미를 가지고 의미 있는 학습을 할 수 있을까?'라는 고민을 많이 했습니다. 그러던 중 교육게이미피케이션포럼에 참가하여 게이미피케이션이라는 새로운 트렌드를 알게 되었습니다. 그리고 이것이 제 고민에 대한 해답이라고 생각했습니다. 게임은 나이와 상관없이 누구나 좋아하는 것입니다. 그렇기에 초중등 교육뿐만 아니라 성인교육과 평생교육에서도 긍정적인 효과를 낼 수 있으리라 기대합니다. '가르치지 말고 플레이하라'를 통해 많은 이들이 게이미피케이션에 참여하기를 기원합니다.

• 이미나 이사 _ 렌딧

평소에 게임의 스토리를 따라 읽으며 그 안에서 상상하고 추리하는 게임들을 좋아하는 편입니다. 게임의 아트워크, 드넓은 스토리, 이걸 만든 사람들의 노고 등을 언제나 떠올리게 되고 저 역시 많은 모티베이션을 얻습니다. 점수를 얻고 이기기 위해서 게임 플레이를 할 수도 있고 그 역시 즐거운 활동이지만, 이렇게 게임을 통해 상상하고 풀이하고 마침내 결과에 도달하는 성취감을 얻는 재미도 정말 크다고 생각합니다. 게이미피케이션을 통해 게임이 더욱더 많이 연구되고, 많은 곳에 적용되리라 믿는 이유입니다.

• 이민재 본부장 _ 캠퍼스멘토 콘텐츠본부

배움보다 스스로 채움이 중요한 시대입니다. 그래야만 변화하는 세상에 휘둘리는 사람이 아니라 변화를 만들 수 있는 사람이 될 수 있습니다. 가르치는 것보다 플레이하는 것이 무언가 움직이게 하고, 관심을 만들고, 채우고 싶게 만들 수 있습니다.

• 이민화 교수 _ 카이스트

이제 'less teaching, more learning'이 새로운 교육의 시대정신입니다. 바로 게이미피게이션이 교육과 융합해야 하는 이유가 여기에 있습니다.

• 이세영 강사 _ 프리랜서

3년 전쯤 게이미피케이션이라는 용어를 처음 들었습니다. 보드게임을 가르치며 코딩강의도 할 때라 몹시 궁금했습니다. 책과 온라인 강의로 독학을 했으나, 쉽지는 않았습니다. 그러던 중 유니콘게임 기업가정신 빅게임 과정에 참여하여 제가 플레이어가 되어보니, 확신이 들었습니다. '가르치지 말고 플레이하라'라는 문구가 정말 마음에 듭니다. 게이미피케이션을 수업에 조금씩 적용해보고 있는데, 많은 정성, 치밀한 설계와 계획이 필요함을 느낍니다. 가르치지 않고 플레이할 수 있도록 이끌어주는 이 책이 많은 분들에게 귀하게 읽히고, 쓰이리라 믿습니다.

• 이은진 조교수 _ 명지전문대학 소프트웨어콘텐츠과

성인평생학습시대에 맞춰 다양한 교수법의 연구와 변화가 요구되고 있는 교육계에서는 과거와 같이 일방향적인 지식전달이 아닌 피교육자 스스로 사고하고 깨달을 수 있도록 만드는 수업설계가 매우 중요한 이슈로 떠오르고 있습니다. 그중 게이미피케이션을 적용한 교육방법은 피교육자가 게임을 플레이하듯 수업을 즐기며 스스로 재미있게 학습할 수 있는 가장 대표적이며 효과적인 방법입니다. 김상균 교수의 노하우가 담긴 이 책은 수업을 더욱 효과적이고 가치 있게 만들고자 고민하는 많은 교육자분들에게 훌륭한 가이드가 될 것이라고 생각합니다.

• 이인배 인력개발부문장 _ GS칼텍스
어떻게 하면 교육효과를 좀 더 올릴 수 있을까라는 고민을 하고 있다면 이 책에서 많은 팁을 얻을 수 있을 것입니다. 게이미피케이션은 효율성과 효과성을 동시에 추구하는 기업 성인교육의 새로운 트렌드입니다.

• 이준현 상무 _ 인포로직스
단순 주입식 방법보다 적은 내용이라도 참여하고 즐기면서 학습한 경우 학습 역량이 더 향상되었다는 연구 결과가 있습니다. 교육현장에 게이미피케이션을 적용하는 것은 이제 필수입니다.

• 이찬 센터장·교수 _ 서울대학교 경력개발센터
바야흐로 호모루덴스의 시대입니다. 생각하는 사람으로서의 호모사피엔스, 생산하는 사람으로서의 호모파베르를 거쳐, 우리는 먹고 살기 위해 일하는 세대에서, 유희의 인간을 추구하는 호모루덴스적 특성으로 뭉친 밀레니얼 이후의 세대가 주축이 된 일터로 출퇴근 하고 있습니다. 조직의 경쟁력이 구성원의 역량에 달려 있는 상시 학습시대를 살아가는 우리에게 '게이미피케이션이 선택적 방안일까?' 이런 고민의 단계는 이미 지났습니다. 이제 가르치지 말고 플레이 합시다!

• 이형주 부장 _ 딜로이트컨설팅
게이미피케이션은 즐거운 모티베이션입니다.

◆ ◆ ◆

• 임상훈 대표 _ 디스이즈게임

세상은 재미있는 것으로 넘쳐납니다. 흥미로운 영상과 짤방, 웹툰 등이 쏟아지듯 나오고, 유튜브와 카카오톡을 통해 공유되는 세상입니다. 게임은 그중에서도 여전히 많은 사랑을 받고 있습니다. 일방적으로 보는 게 아니라, 본인이 참여해 플레이하는 거니까요. 이렇게 시대가 바뀌었는데, 사람들이 지루하고 심심한 교육에 집중할까요? 무게 잡은 강사의 일방적인 이야기가 어떤 효능이 있을까요? 제대로 알려주고, 느끼게 하고, 빠져들게 하려면 게임을 활용하세요. 교육은 즐거워야 합니다.

• 임성희 그룹장 _ 서비스탑

게이미피케이션은 트렌드에 맞는 효율적이고 효과적인 교육 방법입니다.

• 임영채 대표 _ 시스템웍스

사람은 재미가 있을 때 몰입합니다. 교육에 게임의 요소, 즉 재미를 도입하면 학습자는 자연스레 교육에 몰입하고, 그러면 교육의 효과는 더욱더 향상될 수밖에 없습니다. '날마다 교육을 받으면 좋겠다.' 이런 생각으로 교육에 푹 빠지는 사람이 나올지도 모릅니다.

• 임윤정 대표 _ 씽킹가든

시대가 변화한 만큼 배움의 방식이 달라져야 함을 절실하게 느끼고 있습니다. 학습량과 정보의 양이 이전 세대와 확연히 달라진 요즘, 자신에게 필요한 정보를 잘 습득할 수 있게끔 하기 위해서라도 내용을 가르치는 기존의 방식이 아닌 즐겁게 플레이 하면서 내용을 배울 수 있는 방법을 알려주는 것이 무엇보다 필요하다고 생각합니다.

◆◆◆

• 임정은 실정 _ 백동한의원

성인成人 은 더 이상 교육이 필요하지 않은 사람이 아니라 그저 어른이라는 뜻입니다. 누구나 성인聖人 이 될 수는 없지만, 어른이라면 적어도 나보다 어린 사람들 앞에서 모범이 되어야하고, 나보다 나이가 많은 사람들에게는 든든한 뒷받침이 되어야합니다. 그것이 바로 성인도 교육을 게을리 하면 안 되는 이유입니다.

• 임지현 부사장 _ ㈜카카오게임즈

재미를 더하고, 활기를 불어넣을 수 있는 교육 게이미피케이션! 게임을 통한 긍정적 변화의 힘을 보다 많은 분들이 체감했으면 하는 바람입니다. 보다 많은 HRDer들이 게임의 교육적 가치에 대해 공감하고, 실질적인 활용 노하우를 체득함에 이 책이 큰 도움을 주기를 기대합니다.

• 장욱종 관장 _ 함평군청소년문화의집

조력자퍼실리테이터 와 참여자가 함께 플레이하며 경험하는 게이미피케이션! 지금 우리에게 필요한 교육의 한 방법이자 새로운 패러다임입니다. 이러한 게이미피케이션 교육방법을 지지하고 응원합니다.

• 장지훈 PD _ EBS 소프트웨어교육 다큐멘터리

세계적인 코딩교육 열풍, 무엇보다 접근방식이 중요하다고 생각합니다. 코딩교육은 컴퓨팅 언어를 가르치는 것이 아니라 문제를 구조화하는 사고력을 길러주는 과정입니다. '가르치지 말고 플레이하라'가 이 시대 소프트웨어교육의 올바른 방향성을 제시하는 지표가 되길 바랍니다.

• 전성호 대표 _ 참소나무 행복학교

'가르치지 말고 플레이하라' 책 제목처럼 가르치려고 하지 마시고, 게임을 플레이하듯 학습의 여정을 즐겁게 즐기시길 바랍니다. 학습자의 자발적 참여를 이끌어내는 게이미피케이션을 교육에 적용해 보시기 바랍니다.

• 정강욱 대표 _ 러닝퍼실리테이터

오랜 시간 게이이피케이션을 연구하고 실천해온 김상균 교수의 '가르치지 말고 플레이하라'가 발간된다니 참 기쁩니다. 의미와 재미를 함께 찾는, 경험을 통해 깊게 성찰하는, 그래서 무엇보다 현장의 변화를 일으켜내는 게이미피케이션이 더욱 확산되길 기대합니다.

• 정상현 소장 _ 정상현중국어교육연구소

배우는 과정이 즐거우면 학습에 대한 거부감과 부담감이 낮아지고, 기억도 오래 남는다고 합니다. 업무가 과중한 성인, 학습의 필요성을 인식하지 못하는 청소년, 이들 모두에게 게이미피케이션을 활용한 교육은 꼭 필요합니다.

• 정상호 교사 _ 강릉명륜고등학교

교사로서 항상 학습에 대한 동기부여가 가장 신경 쓰입니다. 동기유발에는 진로, 흥미, 강요, 필요, 분위기 등 다양한 요인이 있겠지만, 어떤 상황에서든 자신에게 일어날 앞으로의 일들에 대한 고심이 전제되어야 한다고 생각합니다. 그렇기에 배움은 학교나 직장에서만이 아닌, 언제 어디서든, 누구에게나 일어나야 한다고 생각합니다. 게이미피케이션을 수업에 활용하려 학교에서 고군분투하고 있기에 이 선도적이고 영감을 불어넣어주는 책이 너무나도 반갑습니다.

• 정신운 이사 _ 주식회사 소프트앤

회사에서 게이미피케이션 관련 사업모델 벤치마킹 중에 카훗을 알게 되었고, 그와 관련한 사업기획 중에 이 책의 출간소식을 접했습니다. 게이미피케이션을 응원합니다.

• 정윤미 _ 목포대학교 교수학습지원센터

부서의 특징상 혁신을 위한 다양한 교육 프로그램을 기획하고 있습니다. 학생에게 꼭 필요한 프로그램, 그리고 학생이 원하는 프로그램을 준비합니다. 신나게 일하고, 교육하고 싶습니다. 제가 신나면 제가 준비하면서 느꼈던 마음이 학생들에게도 전달된다는 것을 알았습니다. 함께 놀고 즐겨보겠습니다. 이 책 안에서 그 멋진 방법을 찾고 싶습니다.

• 정진용 대표 _ ㈜에이티지랩

50대인 나는 소프트웨어 개발 외 학교와 기업에서 학생과 직장인들을 대상으로 ICT, 기업문화 등을 강의하고 있습니다. 이 책에는 청소년, 성인 교육 현장의 강사들이 교육 혁신을 위해 실천해야할 재미난 해법이 담겨있습니다.

• 정효정 교수 _ 단국대학교

'즐겁고 유쾌하게 학습을 지원할 수 없을까?' 교육자라면 누구나 고민하는 질문입니다. 게이미피케이션은 이에 대한 매력적인 해결책을 제안해줄 것이라는 기대를 받고 있습니다. 하지만 이제까지 게이미피케이션은 HRD 영역에서 많이 접목되지 못한 상황입니다. 이는 게이미피케이션을 적용한 교육 사례가 많지 않고, 어떻게 적용할 수 있을 것인가에 대한 구체적인 안내가 부족했기 때문입니다. 또한 현실적으로 교육의 성과에 대한 확신이 부족했기 때문입니다. '가르치지 말고 플레이하라'는 바로 이러한 문제에 대한 실제적인 답을 제공해주고 있습니다. 오랜 시간동안의 연구와 실천을 통해 HRDer를 위한 게이미피케이션 안내서를 발간한 김상균 교수의 멋진 도전을 응원합니다.

• 제현웅 상무 _ 삼성전자 청년SW아카데미 담당

4차 산업혁명 시대, 단순한 지식전달에서 벗어나 흥미로운 학습 환경조성과 학습자의 몰입 및 동기부여 향상이 교육에서 더욱더 중요해지고 있습니다. 이러한 상황에서 게이미피케이션은 학습과정 설계 시 가장 주요한 부분으로 대두되고 있습니다. 게이미피케이션의 대가인 김상균 교수의 이 책이 그동안 힘들었던 학습과정 설계에 큰 도움을 주리라 기대합니다.

• 조승호 과장 _ 위니아딤채(대유위니아)

기업의 교육담당자로서 학습과정을 기획하고, 개설할 때 고려하는 최우선 순위는 바로 학습자들의 흥미를 어떻게 끌 수 있을까 입니다. 교육과정의 특성상 학습목표 달성도 중요하지만, 흥미가 생기지 않는다면 학습자에게 기대하는 목표를 실제 현장에서 달성하기가 매우 어렵기 때문입니다. '가르치지 말고 플레이하라'가 성인학습자들의 니즈를 충분히 충족시킬 수 있으리라 기대하며, 기업교육관련 종사자들에게 일독을 강력히 권합니다.

• 조영탁 대표 _ 휴넷

강제로 공부시키려고 하면 누구나 피하게 됩니다. 즐겁게 몰입하다 보면 어느새 자기도 모르게 자동적으로 학습하게 되는 게임러닝의 기적을 맛보세요. 게임러닝 분야 독보적인 김상균 교수의 소중한 노하우를 가장 쉽게 습득할 수 있는 절호의 기회 놓치지 마세요.

• 조인수 교수 _ 선문대학교

수강자의 적극적 참여가 점점 중요해시는 교육 상황에서 기업뿐만 아니라 학교에서도 고민하던 이슈를 흥미롭게 잘 다루어 주셨습니다. 특히 재직자들의 경우 평생교육 차원에서 대학의 다양한 프로그램에 참여하는데, 강사의 입장에서 즐거운 강의를 위한 구체적인 활용 가이드를 함께 제공해주셔서 실무적으로도 큰 도움이 되리라 기대합니다.

● 주성민 교육팀장 _ 유스바람개비

항상 즐거운 강의, 생명력 넘치는 강의를 고민해 왔습니다. 그 과정에 다양한
방법을 고민하고 적용했습니다. 특히 게이미피케이션을 적용하여 이 책의 제
목처럼 정답을 가르치는 것이 아닌 플레이를 통해 자연스럽게 깨닫게 되는 교
육을 꿈꾸게 되었습니다. 그렇지만 제 작은 도전과 시도들은 더 큰 벽 앞에 흔
들렸습니다. 외부의 편견은 극복할 수 있다는 자신이 있었지만 이 게임들이 교
육의 목표에 어떻게 부합되는지를 자연스럽게 녹여내는 것, 단편적인 '이론+게
임'이 아닌 자연스럽게 일치시키는 작업에 항상 저의 한계를 느껴왔습니다. 이
어려움에 한줄기 돌파구가 되어줄 책이 드디어 나왔습니다!

● 주성원 프로 _ 삼성카드

'백문이 불여일견, 백견이 불여이행'이라는 말이 있습니다. 실제로 해보니 교육
의 효과가 정말 컸습니다. "이론학습과 참여형 게임까지, 입사 후 최고의 교육
이었습니다." 교육생분들의 생생한 실제 피드백입니다. 여신금융 회사의 근간
인 신용정보 콘텐츠는 전 직원에게 꼭 필요한 내용이지만 전달방법에 큰 고민
이 있었습니다. 전문용어와 내용을 쉽고 재미있게 풀기란 너무나 어려운 과제
였기 때문입니다. 김상균 교수의 게이미피케이션 강의를 듣고, 교육 설계에 활
용하면서 해답을 찾을 수 있었습니다. 필요한 내용을 전달하면서 교육생의 몰
입도를 이끌어내고, 학습이 되도록 하는 것은 아마도 모든 교육 담당자의 목표
일 것입니다.
제게 해답을 주었던 김상균 교수의 책을 두고두고 학습하고 전파할 수 있으니
정말 기쁩니다.

● 주충일부장 · 전문코치 _ GS칼텍스

게이미피케이션에는 교육에 재미와 자발적 몰입을 이끌어내서 교육효과를 극
대화하고 학습자 스스로 의미를 발견하게 유도하는 힘이 담겨있습니다.

• 최경희 대표 _ 마인드퍼스트코딩랩

목표의식이 있는 사람은 일정 기간 내에 원하는 결과를 이끌어 내기 위해 더욱
더 매진합니다. 타의의 지시에 의한 업무, 타인의 이목에 신경 쓴 활동 등 자신
의 목표의식에 상관없는 일들을 할 때 우리는 그 활동에서 즐거움을 느끼지 못
합니다. 게이미피케이션은 외부적 요인이 아닌 배움의 과정을 플레이하면서
학습자 스스로 동기부여 요인을 찾도록 만들어준다는 점에 교육적 가치가 있
습니다.

• 최경희 교사 _ 광주문산초등학교

배움의 길은 알고자 하는 마음의 길과 연결된다고 생각하며, 그 길을 여는데 게
이미피케이션이 도움이 되리라 믿습니다.

• 최경희 이사 _ 마켓디자이너스

한 사람의 교사가 다수를 대상으로 가르치며 지식을 전수하는 시대는 지났습
니다. 가르친다는 단어는 일방적이지만 플레이는 쌍방향적이고 평등합니다.
게다가 플레이라는 단어에는 즐거움까지 포함되어 있습니다. 앞으로의 교육과
일은 해야만하는 고통스럽고 재미없는 것이 아닌 삶의 일부로 즐기는 것이 되
어야 한다고 생각합니다. 그런 의미에서 이 책은 교사뿐만 아니라 사람을 변화
시키고자 하는 분들이 꼭 읽으셔야 하는 책입니다.

• 최누리 학생 _ 강원대학교

김상균 교수님을 뵌 지 5년이 되어 가네요. 제가 교수님의 수업을 들으면서 놀
라왔던 부분은 수업에서 배운 내용에 대한 생각을 다른 사람들과 편하게 나눌
수 있었던 점입니다. 의견을 나누기 편하도록 도와준 것은 교수님의 교육게임
이었습니다. 갑작스레 다른 사람과 의견을 나누는 활동은 누구에게나 쉽지 않
습니다. 상황이 어색해서 생각이 입 밖으로 잘 안 나오고 머뭇거리죠. 그런 어

색함을 게임을 플레이하면서 풀고, 어색함이 풀어지니 자신의 생각을 말하기가 편해졌습니다. 그 외에도 시험을 보기 전 주차에는 문제를 학생이 설계해서 콘테스트를 여는 등 게임을 적절히 활용하시던 모습이 기억에 남습니다. 덕분에 저는 공부의 재미를 느꼈습니다. 저는 교수님 수업에서 공부의 즐거움을 깨달았습니다. 지금 생각해보면 게임을 교육에 활용하기 위해 교수님이 얼마나 고민하셨을지 저로서는 짐작이 잘 안 됩니다. '가르치지 말고 플레이하라'라는 책을 내는 그 순간까지 계속 고민하고 연구하셨을 것 같습니다.

• 최대열 교육팀장 _ 프라우스

바야흐로 평생공부의 시대입니다. '공부는 때가 있다'라는 말이 무의미한 시대입니다. 공부의 '때'가 중요한 시대가 아닌, 공부를 어떻게 하면 '즐겁게' 할 수 있을까가 중요한 시대입니다. 그렇다면 이미 늦었다고 체념하는 성인들에게 필요한 것은 플레이가 아닐까요? '가르치지 말고 플레이하라'는 일방적인 가르침이 아닌 플레이를 통해서 평생 학습할 수 있다는 것을 깨닫게 해주고, 도전할 수 있는 용기를 불어넣어주는 책입니다.

• 최봉균 제품총괄 _ 렌딧

배움과 가르침을 넘어 함께 성장하기 위한 방법을 고민하는 모든 분들에게 게이미피케이션의 가치는 단순한 방법론이 아니라 태도를 바꿀 수 있는 전환점이 될 것입니다. 가성비와 효율이 절대적인 평가기준이 되는 시대에 재미와 동기부여라는 관점의 변화는, 지금 필요하고 이제 게이미피케이션을 시작해야 하는 이유입니다.

• 최삼하 교수 _ 서강대학교 게임교육원

제목부터 너무 마음에 드는 책입니다! 게임이, 그리고 잘 노는 게 얼마나 배움에 중요한 것인지 이 책을 통해 많은 분들이 공감하시길 기대합니다.

◦◦◦

• 최석규 교수 _ 선문대학교 상담심리사회복지학과

교육의 주인공은 학생입니다. 가르치는 교육은 저물고 플레이하라!

• 최윤성 수석연구원 _ 소만사

저는 교회에서 중등부 교사를 맡고 있는데, 이제까지 우리 교육은 교회에서도 주입식 공과위주였습니다. 이런 수동적 교육은 배우고, 외우고, 시험보고, 잊어버리는 과정의 반복이었습니다. 게이미피케이션은 학습자의 배움에 관한 관심을 높이고, 동기부여를 강화하여, 교육의 효과를 배가하리라 확신합니다.

• 최원희 강사 _ 프리랜서

10여년 교육을 해 본 결과, 제가 재미없으면 재밌고 즐겁게 가르치기 힘들고 학습자들도 힘들어합니다. 같이 신나게 어우러지며 수업 한 날은 결과물이 좋고, 만족도가 높습니다. 이 책은 더 재미난 수업을 위한 동반자가 되어줄 것입니다.

• 최효석 대표 _ 서울비즈니스스쿨

참여형 교육에 대한 현장의 관심이 높아지면서 덩달아 게이미피케이션에 대한 시장의 수요도 높아지고 있습니다. 그럼에도 아직 국내에 게이미페이션 전문가나 전문 콘텐츠가 부족한 상황에서 국내 최고 전문가인 김상균 교수의 신간은 환영할만한 일입니다. 이론서나 교과서가 아닌 실무에서 바로 사용가능한 부담 없는 내용과 편집으로 많은 사람들에게 큰 도움이 되리라 확신합니다.

• 하태민 대표 _ 학토재

재미와 유익이라는 두 마리 토끼를 동시에 잡을 수 있는 게이미피케이션 교과서의 출간을 환영합니다. 배움은 두려움과 춤출 수 없고, 오직 즐거움과 춤춘다는 사실을 보여준 김상균 교수의 책이 널리 널리 읽히길 기원합니다.

◆◆◆

• 한진 _ 50플러스재단

능동적 주체로 참여하는 수강생들의 모습을 그려봅니다. 특히 움직이기 진짜
힘든 50+세대에게 새로운 교육방법이 전달되길 기원합니다.

• 한진규 _ 풀무원

모든 학습자들은 자유롭게 움직이길 희망하며, 스스로 학습할 수 있는 능력을
가진 주체입니다. 그러나 우리사회의 주입식 교육은 학습자들을 수동적으로
묶어버리고 있습니다. 게이미피케이션은 학습자들을 다시 움직이게 만드는 힘
을 갖고 있습니다. 수동적인 학습에서 벗어나고자하는 모든 분들에게 이 책을
권합니다.

• 함병우 박사 _ 리더십 퍼실리테이터

'행복은 재미와 의미가 교차하는 곳에 있다.' 하버드대에서 행복을 가르치던 탈
벤 샤하르의 말입니다. 성인이 학습하는데 있어서도 이 행복의 조건은 동일하
게 적용된다고 생각합니다. 의미는 있는데 재미가 없으면 지루하고, 재미는 있
는데 의미가 없으면 공허하기 때문입니다. 게이미피케이션을 적용하여 성인학
습현장에 행복의 영향력을 끼치고자 하는 모든 분들께 이 책을 권합니다.

• 황진상 대표 _ 지우솔루션(주)

고령화가 급격히 이루어짐에 따라 만성질환관리의 중요성도 한층 높아지고 있
습니다. 이 만성질환관리에서 중요한 것 중 하나가 지속적인 교육과 피드백을
통해 환자의 습관 수정을 유도할 수 있는 동인을 제공하는 것입니다. 이러한 동
인을 제공하는 데 있어서 가장 적합한 툴 중 하나가 게이미피케이션이 아닐까
생각합니다.

• 황택순 원장 _ 서울시설공단 인재원

살아가면서 몸소 체험하며 스스로 배우고 느낀 것만큼 오래 기억되고 유용하게 사용하는 것은 없는 듯합니다. '가르치지 말고 플레이하라'는 그런 의미에서 HRDer들, 특히 성인교육 & Z세대 교육을 담당하는 사람들은 꼭 읽어봐야 할 책이라 생각합니다.

• 황현우 대표 _ 에듀메이커스

교수자라면 누구나 한번 해봤을 법한 교육현장에서의 고민은 '어떻게 하면 재미와 의미를 주는 교육을 학습자 중심으로 할 수 있을까?'입니다. 유머로 재미를 주는 것도 한계가 있고, 재미만 지나치게 추구하다보면 의미를 연결시키기 어렵고, 그래서 늘 고민이 많았습니다. 그 때 알게 된 것이 게이미피케이션이었습니다. 김상균 교수로부터 이를 배워서 교육에 적용해보니 결과가 놀라왔습니다. 제가 가르치지 않아도, 학습자들 스스로 게임을 플레이하며 나타나는 현상을 경험하고, 그 맥락에서 서로 협력하며 대처했습니다. 이를 통해 그들은 스스로 배우고 성장했으며, 교수자가 전달하려던 교육적 의미를 깨닫고 자신의 삶에 연결하며 생각했습니다. 무엇보다 일부만 참여하는 교육이 아닌, 모두가 함께 만들어가는 교육을 경험할 수 있었던 점이 놀라왔습니다. 세상이 변화하고 있습니다. 학습자들의 라이프스타일과 배움의 방식도 변화하고 있습니다. 이제 teaching의 시대가 아닌 playing의 시대입니다.

• Michelle Kang _ Dive Innovations

외적동기부여에서 내적 동기부여가 되게 트랜지션 할 수 있는 혁신적인 책이 될 수 있는 책이라 확신합니다. 이제 12년 배워서 평생 한 직업을 가지는 시대는 지났습니다. 평생 배워서 끊임없이 구르는 돌이 되어야 하는 흐름에서 대한민국의 교육에 새로운 개념이 필요합니다. 누군가 시켜서 하는 교육이 아닌, 스스로 Why에 대한 대답을 찾아가는 즐거움의 과정을 디자인하는 스승들이 이 책을 통해 혁신적으로 늘어나기를 소망하며, 이 책이 그 역할을 위한 마중물이 될 것을 확신합니다.

• Radhika Santhanam _ Price College of Business, University of Oklahoma

Whether it is done through gamification or other means, learning must have some level of enjoyment to benefit student learning. Students have to become life-long learners in this world, and without some level of enjoyment, students will develop a disdain for future learning programs/courses. I would tell teachers to try gamification and see the effects. It is not gamification per se, but some of the ideas behind gamification that can make learning more enjoyable should be tried.

• Sakchai Muangsrinoon_ Walailak University

If they have fun, then they will be happy to learn. To engage the students to learn the challenges lessons. The teachers afraid to learn a new things such as gamification. So, the teachers also need fun.

강승헌_ 강원대학교

교육 게이미피케이션은 새로운 교육 방법의 대안입니다. 교육 방법에 대한 고민의 좋은 해답입니다! 주변을 바꿀 방법은 우선 나부터 하는 게 아닐까요? 한 번 적용해 보세요!! 그러면 바뀐 주변과 열정에 가득한 눈빛이 보상해줄 것입니다.

윤영돈 소장_ 윤코치연구소

이제 원맨쇼 같은 강의 시대에서 함께 배우는 러닝 시대에서 게이미피케이션의 전환이 필요합니다. 흥미, 재미, 의미 등 3미를 줄 수 있는 '가르치지 말고 플레이하라' 적극적으로 추천합니다. 저는 본하트 카드 개발자로서 교수자들과 코치님에게 좋은 안내서가 될 것을 확신합니다.

오인균 교수_ 대구한의대학교

어떻게 하면 더 재미있게, 더 집중하면서 수업을 할까? 항상 고민하고 있었습니다. 우연히 알게 된 게이미피케이션이 하나의 해결책이 되지 않을까라고 지금도 다양한 실험을 하고 있습니다. 생각 외로 전공수업에 적용하기가 쉽지 않더군요. 하지만 김상균 교수님의 이야기들이 큰 힘이 되고 있습니다. 많은 학습자와 교수자들이 더 신나는 수업을 하게 되는 그날까지 화이팅 입니다! 저도 화이팅 하겠습니다.

위현정 이사_ 꿈잡고교육연구소

학습자 중심의 '해 보는 교육'을 디자인하면서 교육 방법론을 고민하고 있을 때 게이미피케이션을 알게 되었고 '가르치지 말고 플레이하라'를 만났습니다. 게이미피케이션은 단순한 재미 요소를 넘어서 자기주도성과 내적동기를 자연스럽게 끄집어내고 스스로 배움을 터득하는 과정을 만들어냅니다. 다양한 분야에서 적용 및 활용이 되면서 하나의 문화로 확산이 되기를 기대합니다.

송혜경 대표_ ㈜코알라소프트웨어

학생들을 가르치고 교육콘텐츠를 제작하면서 무엇보다 배움에 대한 동기를 유발하고 싶었습니다. 다양한 방법이 있겠지만 게이미피케이션이라는 매력적인 단어를 알게 되었습니다. 게이미피케이션은 즐겁게 공부하기입니다. 학생들이 "어라! 놀다 보니 이걸 배웠네." 하고 놀라는 일이 많아졌으면 좋겠습니다.

◆◆◆